FALTPLAN

»Schreiben Sie uns!

Wir hoffen, dass Ihnen dieser Reiseführer gefällt und er Ihnen ein guter Begleiter auf einer außergewöhnlichen und spannenden Reise ist.

Weil ein Reiseführer von Erfahrungen lebt, sind wir an Ihren Erlebnissen interessiert: Haben Sie im Buch ein Restaurant entdeckt, das es nicht mehr gibt, eine Sehenswürdigkeit, die wir noch nicht aufgeführt haben, oder eine falsche Adresse? Dann schreiben Sie uns!

Wir nehmen jeden Hinweis und jede Kritik ernst und arbeiten kontinuierlich daran, die Bücher aktuell zu halten und immer weiter zu verbessern. Auch wenn wir nicht jeden Wunsch erfüllen können, machen wir uns immer Gedanken über Ihre Anmerkungen.

Schreiben Sie an: info@reise-know-how.de oder Reise Know-How Verlag Peter Rump GmbH, Postfach 140666, 33626 Bielefeld

Wenn sich Ihre Infos direkt auf das Buch beziehen, bitten wir um die Angabe der Seitenzahl und der Auflagennummer bzw. des Erscheinungsjahres. Besonders hilfreiche Beiträge belohnen wir mit einem Sprachführer Ihrer Wahl aus unserer „Kauderwelsch"-Reihe.

Herzlichen Dank und gute Reisen
Ihr Reise Know-How Verlag

Diesem Buch wurde hier ein herausnehmbarer Faltplan be
Sollte er beim Erwerb des Buches nicht mehr vorhanden se
nach.

Liebe Leserin, lieber Leser,

ein unabhängiger Verlag für unabhängig Reisende – das sind wir, der Reise Know-How Verlag aus Bielefeld, eines der letzten Familienunternehmen in der Branche. Obwohl wir zu den größten Reiseführerverlagen Deutschlands gehören, ist der familiäre Umgang miteinander in allen Bereichen des Verlagslebens zu spüren: In der Geschäftsführung in zweiter Generation, in einer wertschätzenden Arbeitsatmosphäre, in der Nähe zu unseren frei arbeitenden Autorinnen und Autoren, im engen Austausch mit unseren Leserinnen und Lesern – und auch in der Zusammenarbeit mit Druckereien in Deutschland, in denen wir ausschließlich und regional unsere Bücher produzieren. Die sollen schließlich erst mit Ihnen auf große Reise gehen.

Alles, was wir in unsere Bücher und Landkarten stecken, soll Ihnen eines ermöglichen: Auf Ihre ganz eigene, individuelle Weise die Welt zu entdecken. Wir wünschen Ihnen viel Freude und unvergessliche Erlebnisse mit diesem Reiseführer.

Es grüßen herzlich
Peter Rump & Wayan Rump

You'll Never Walk Alone – Yeah, Yeah, Yeah

Diese zwei Liedzeilen reichen aus, um zu verdeutlichen, warum es Millionen Menschen aus aller Welt nach Liverpool zieht. Die Begeisterung für die Beatles ist ungebrochen: Jahr für Jahr pilgern Hunderttausende im Cavern Quarter (8) auf den Spuren der Fab Four und ihrer Songs oder streifen in organisierten Touren durch die Elternhäuser von John Lennon (21) und Paul McCartney (22). Es kommen aber auch immer mehr Fußballfans, die das Stadion des Everton FC, den Goodison Park (25) am Mersey, aufsuchen oder an der weltberühmten Anfield Road (24) Station machen, wo der Liverpool FC zuhause ist. Dort entstand jene Fußballhymne, die heute an fast jedem Kickerwochenende auch in deutschen Stadien erklingt: „You'll Never Walk Alone". Eigentlich stammt das Lied aus Amerika, zur Hymne aber wurde es erst in den 1960er-Jahren in Liverpool, wo es neu vertont als Stadiongesang Geschichte machte.

Musik und Fußball sind es also, die Alt und Jung vereinen und die zudem die Grundlage eines Nachtlebens bilden, wie man es in diesem Ausmaß allenfalls in Millionenstädten erwarten würde – nicht aber in einer alten Hafenstadt. Liverpools Stolz und Selbstbewusstsein sind einmalig. Die Stadt schlug alle Warnungen der UNESCO, ihr Weltkulturerbe ja nicht durch Bauten wie ein neues Fußballstadion am Merseyufer zu verschandeln, in den Wind – und wurde schließlich mit der Aberkennung des internationalen Gütesiegels bestraft. „Jetzt kann uns keiner mehr Vorschriften machen", feierten die Stadtväter das vernichtende Urteil der Kulturhüter. Mit atemberaubenden neuen Milliardeninvestitionen wollen sie der Stadt ein noch moderneres Gesicht geben und die touristische Infrastruktur zügig ausbauen. Mit dem Albert Dock (1), den heute mit Museen, Hotels und Restaurants gespickten ehemaligen Werftanlagen Liverpools, dem Royal Liver Building (5) am Pier Head (4) und der Liverpool Cathedral (16), einem der eindrucksvollsten Gotteshäuser Englands, haben sie aber jetzt schon einige Pfunde, um zu wuchern. Dazu gehört mit Liverpool One (15) auch eines der größten Einkaufszentren im Königreich.

Der Autor

Günter Schenk ist mit den Beatles groß geworden, weshalb ihm Liverpool besonders ans Herz gewachsen ist. Auch als Fußballfan hat er eine besondere Liebe zur Metropole am Mersey entwickelt, wo er seit vielen Jahren regelmäßig zu Gast ist. Neben diesem Reiseführer erschienen im Reise Know-How Verlag auch seine CityTrip-Bände „Antwerpen", „Antwerpen, Brügge, Gent", „Baden-Baden", „Brüssel", „Heidelberg", „Karlsruhe", „Koblenz", „Mainz", „Mannheim", „Metz und Nancy", „Rotterdam", „Vilnius und Kaunas" und „Wiesbaden" sowie die Reiseführer „Belgische Küste" und „Rheinhessen, Rheingau".

170lp Abb.: gs

Inhalt

Cleveres Nummernsystem

Die Sehenswürdigkeiten sind im Text und im Kartenmaterial mit derselben **magentafarbenen ovalen Nummer** ❶ markiert. Alle anderen Lokalitäten wie Geschäfte, Restaurants usw. tragen ein **Symbol und eine fortlaufende rote Nummer** (1). Die Liste aller Orte und die Zeichenerklärung befinden sich im Anhang.

Der Schmetterling ...

... zeigt an, wo man Angebote im Bereich des nachhaltigen Tourismus findet.

Bewertung der Sehenswürdigkeiten

★★★ nicht verpassen
★★ besonders sehenswert
★ wichtig für speziell interessierte Besucher

Planquadrat im Kartenmaterial

[A1] Orte ohne diese Angabe liegen außerhalb unserer Karten. Ihre Lage kann aber wie die aller Ortsmarken mithilfe der begleitenden Web-App angezeigt werden (s. Anhang).

Vorwahlen
- für Großbritannien: 0044
- für Liverpool: 0151

Adressen
Bei Adressen sind meist auch die *postcodes* (Postleitzahlen) angegeben, z. B. L1 3BX.

Updates zum Buch
www.reise-know-how.de/citytrip/liverpool24

105 Praktische Reisetipps

129 Anhang

Maritime Tradition, Industriekultur und Architektur von Rang vereinen sich in Liverpool (s. S. 34, 112lp Abb.:gs)

RAILWAY

NICHT VERPASSEN!

1 Albert Dock mit Museen [I12]
In der Tate Gallery im ehemaligen Hafenviertel dreht sich alles um moderne, zeitgenössische Kunst und The Beatles Story erzählt die Geschichte der Fab Four, Liverpools populärster Söhne (s. S. 16).

3 Museum of Liverpool [I11]
Im Museum of Liverpool gilt es, Stadtgeschichte zu entdecken und zu erleben. Alles ist spannend und multimedial verpackt (s. S. 21).

4 Pier Head und Mersey-Fähre [H11]
Die Prachtbauten an Liverpools Uferpromenade sind die Schokoladenseite der Stadt. Am Pier Head startet zudem die weltberühmte Mersey-Fähre zu ihren Rundfahrten (s. S. 22).

8 Cavern Quarter [J10]
Ein Bummel zu den Wurzeln des Beat: Die Mathew Street mit dem legendären Cavern Club ist noch immer eine der ersten Adressen für alle, die ein wenig Beatles-Luft schnuppern wollen (s. S. 27).

10 World Museum Liverpool [K9]
In diesem neoklassizistischen Prachtbau erfährt man alles über die Völker der Welt – von den australischen Aborigines bis zu den Inuit (s. S. 32).

15 Liverpool One [J11]
Das riesige Einkaufszentrum ist fast ein eigener Stadtteil – mit rund 170 Geschäften, Kinos, Hotels, Bars, Cafés, Restaurants, einem modernen Erlebniszentrum und eigenem Busbahnhof (s. S. 37).

16 Liverpool Cathedral [M12]
Die Liverpool Cathedral, eine der größten Kirchen der Welt, thront auf einem Hügel. Von ihrem Turm aus liegt einem Liverpool zu Füßen (s. S. 39).

18 Hope Street [M11]
An Liverpools Kulturmeile befinden sich edle Hotels und schicke Restaurants, Englands angeblich schönste Herrentoilette, Theater, Clubs und die berühmte Philharmonic Hall (s. S. 41).

106lp Abb.: kw

Willkommen in Liverpool

Es gibt kaum eine Stadt, die so viele Gesichter hat. An stürmischen Regentagen wirkt sie matt und grau, an sonnigen Sommertagen dagegen strahlt sie Mittelmeer-Feeling aus. Besucher müssen sich einlassen auf Liverpool und seine Menschen. In der Merseymetropole gibt es viel zu entdecken!

Manche staunen angesichts der **Fülle an Kunst und Kultur,** welche die Museen und Theater der Stadt bieten. Musentempel wie die **Walker Art Gallery** ⓬, die Tate im **Albert Dock** ❶ und das **Museum of Liverpool** ❸ genießen Weltruhm. In der **M&S Bank Arena** (s. S. 76) und der **Philharmonic Hall** ⓳ treten die Großen aus der Unterhaltungsbranche auf.

Andere Besucher werden sich anstecken lassen vom Taumel der Partypeople, die vor allem an den Wochenenden die Gegend rund um die Mathew Street zum Tollhaus machen. Dann platzen auch die Clubs in der Seel- oder Duke-Street [K11] aus den Nähten, stehen die Vergnügungssüchtigen auf Einlass wartend in langen Schlangen vor den Toren der Discotempel und Musikschuppen. Denn Liverpool ist auch heute noch neben London und Manchester **Englands Musikmetropole,** die ihren Anspruch mit einem großen Angebot an Livemusik unterstreicht – und einem Museum: **British Music Experience** (s. S. 27) dokumentiert die Musikgeschichte der Insel von 1945 bis heute. Zehntausende von Studenten sorgen außerdem für jugendliche Lebensfreude, die leicht in Übermut umschlagen kann. Schließlich stammt der Beat von hier, nicht der Walzer.

Liverpools **Geschichte** ist heute sein touristisches Kapital, konserviert in Museen wie dem **Museum of Liverpool** ❸ und **The Beatles Story** ❷ oder nachempfunden auf Bustouren zu den Erinnerungsstätten der Beatles wie **Strawberry Field** (s. S. 46). Als bunte Metropole zeigt sich die Stadt auf ihren vielen Festen. Sie bringen Kulturen und Menschen aus allen Erdteilen zusammen. Wer kann, sollte Liverpool deshalb auch einmal an Festtagen aufsuchen und z. B. bei der International Beatleweek oder beim Oye-Festival im Sefton-Park, der grünen Lunge der Stadt, Station machen.

Immer zahlreicher werden die, die im **Heimatland des Fußballs** die Faszination des Spiels erleben möchten. Gleich zwei renommierte Erstligaclubs – der Liverpool FC und der Everton FC – laden in ihre Stadien: den **Goodison Park** ㉕ oder die weltberühmte **Anfield Road** ㉔.

Liverpool ist aber auch eine **Hafenstadt,** an deren Piers inzwischen wieder die größten Kreuzfahrtschiffe der Welt anlegen. Das maritime Erbe erlebt man rund um das **Albert Dock** ❶, einer der Touristenattraktionen am Mersey. Wer sehen will, wie sich backsteingeprägte Industriearchitekturen in moderne Wohn- und Bürolandschaften verwandeln lassen, sollte in Ruhe die Merseyfront abschreiten oder mit der Fähre ❹ am Ufer entlangschippern. Vom Fluss aus erschließt sich das **neue Liverpool** am besten. Von dort sieht man die neuen Hochhäuser hinter den alten in die Höhe wachsen – Zeichen eines anhaltenden Baubooms, der von Liverpools Selbstbewusstsein zeugt.

056lp Abb.: gs

Kurztrip nach Liverpool

Viele Besucher kommen nur für ein verlängertes Wochenende oder machen im Rahmen einer Englandreise in Liverpool Station. Wer keine Zeit oder Muße hat, sein eigenes Programm zu organisieren, dem sollen folgende Vorschläge helfen.

Tag 1

Vormittags

Mit einem gemütlichen **Bummel am Mersey** entlang startet man am besten in das „Abenteuer Liverpool". In der Gegend rund um den Pier Head 4 schlägt das neue Herz der alten Stadt. Im modernen, für fast 100 Mio. Pfund neu gebauten Museum of Liverpool 3 lernt man die Stadt und ihre Geschichte(n) am besten kennen. Es erzählt u.a. von den Beatles und den traditionsreichen Fußballclubs der Stadt. Nur ein paar Schritte weiter erfährt man im Cunard Building alles über die britische Musikgeschichte. **British Music Experience** (s. S. 27) heißt die Show, in der man selbst auch einmal Schlagzeug oder Gitarre spielen kann. Auch das **Royal Liver Building** 5 nebenan steht für Besucher offen und erlaubt einen einmaligen Blick auf den Mersey und die Stadt.

Ebenfalls am Mersey liegt das **Albert Dock** 1, eine alte Hafenanlage, die sich zur Museums- und Erlebnismeile gewandelt hat. Liebhabern moderner Kunst sei dort das Tate Liverpool (s. S. 61) ans Herz gelegt. Wer sich für Seefahrt und Historie oder für die Geschichte der Sklaverei interessiert, ist im Merseyside Maritime Museum (s. S. 59) bestens aufgehoben. „The Beatles Story" 2 schließlich erzählt die Geschichte der berühmtesten Söhne der Stadt. Eine Ausstellung, die schon Millionen Besucher gesehen haben. Zur Mittagspause empfehlen sich die Restaurants in den ehemaligen Dockanlagen oder eines der vielen Museumscafés.

Aus Hafenanlagen werden Wohnhäuser

S. 7: Feststimmung auf der Pier Head Piazza 4

014lp Abb.: gs

Originalton

„Es gibt keine Stadt in England, London vielleicht noch, die so schöne Straßen und so elegante Häuser hat. Viele Häuser sind ganz aus Naturstein und der Rest, vor allem die neueren, aus Backstein."

Daniel Defoe, Autor des Abenteuerromans „Robinson Crusoe", 1724 in einem Reisebuch

Nachmittags

Beatles-Fans können vom Albert Dock gleich weiter zur **„Magical Mystery Tour"** starten. Die zweistündige Busfahrt führt zu den wichtigsten Beatles-Gedenkstätten wie Penny Lane oder Strawberry Field (s.S.46), aber auch zu den Elternhäusern von John Lennon 21 und Paul McCartney 22, die im Rahmen dieser Tour allerdings nur von außen zu sehen sind. Die Busreise endet in der Mathew Street mit einem Besuch im legendären Cavern Club (s.S.74).

Preiswerter ist die Stadtrundfahrt in einem der vielen Sightseeing-Busse, die alle wichtigen Liverpooler Sehenswürdigkeiten miteinander verbinden und gewöhnlich am Pier Head 4 starten.

Wer für die Beatles, wegen denen übrigens noch immer die meisten Besucher an den Mersey reisen, nichts übrig hat: Nur ein paar Schritte Richtung Innenstadt steht Liverpools größtes Einkaufsparadies Liverpool One 15!

Abends

Musik- und Theaterfreunden sei ein Besuch in der **Philharmonic Hall** 19 mit ihrem reichen Konzertangebot von Klassik bis Pop oder in einem der Theater (s.S.75) empfohlen. Eine Alternative ist ein unterhaltsamer Abend in der M&S Bank Arena (s.S.76) neben dem Albert Dock, die Popgrößen ebenso als Bühne dient wie Zirkussen, Musicals oder sonstigen Events.

Den Abend sollte man in einem der vielen **Clubs** (s.S.73) beschließen, die es für jeden Geschmack und Geldbeutel gibt. Zentrum des feucht-fröhlichen Nachtlebens sind die Clubs zwischen Seel und Duke Street, vor allem aber auch die Mathew Street im Cavern Quarter 8, die vor allem an Sommerwochenenden aus allen Nähten platzt.

Der Liver Bird, Liverpools Wahrzeichen, krönt das weltberühmte Architekturensemble am Pier Head 4

Tag 2

Vormittags

Bei schönem Wetter ist eine **Schifffahrt auf dem Mersey** ein absolutes Muss (s. S. 122). Schließlich zeigt Liverpool vom Wasser aus sein schönstes Gesicht. Ganz nostalgisch wird es, wenn der Hit „Ferry Cross The Mersey“ von Gerry and The Pacemakers aus den Bordlautsprechern dröhnt, der ganz anders klingt als die Coverversion, den die Toten Hosen mehr als ein halbes Jahrhundert später veröffentlichten. Bei Badewetter locken die Strände im Norden Liverpools: Crosby und Formby (s. S. 55).

Die Alternative ist ein weiterer **Stadtbummel** – vielleicht verbunden mit der Auffahrt zum **Radio City Tower** (s. S. 31), der bei gutem Wetter einen einmaligen Blick über die Stadt und den Mersey bietet.

Nachmittags

Fußballfreunde sind am Wochenende gewöhnlich in der **Anfield Road** 24 oder dem **Goodison Park** 25 bestens aufgehoben. Allerdings sollte man sich rechtzeitig um Tickets für die Spiele der Premier-League-Clubs kümmern! Andere vergnügen sich auf der Museumsmeile, wo mit dem **World Museum Liverpool** 10, der **Central Library** 11 und der **Walker Art Gallery** 12 gleich drei Sehenswürdigkeiten nebeneinander zu finden sind. Alle sind mit schönen Cafés ausgestattet und kosten keinen Eintritt.

Abends

Warum nicht einmal elegant Essen gehen? Wer früh dran ist, profitiert von den Spezialtarifen mancher Restaurants, die bis 17 oder 18 Uhr mit kräftigen Abschlägen auf das Dinner werben. Besonders stilvoll speist man hoch über den Dächern Liverpools im 34. Stock eines Hochhauses unweit des Mersey-Ufers mit einmaligem Blick auf die Stadt. Panoramic 34 (s. S. 67) heißt die Gastroadresse passenderweise. Und wer dann noch Energie und Lust hat: Die Bars und Clubs sind bis Mitternacht garantiert noch offen, im Zentrum des Nachtlebens wie im Baltic Triangle (s. S. 69) oder rund um die Mathew Street [J10] oft auch länger.

Aus dem Riesenrad gegenüber dem Albert Dock 1 blickt man auf das neue Liverpool

171lp Abb.: gs

Das gibt es nur in Liverpool

- **Liverpool Cathedral** (16): Ausgerechnet ein Katholik baute die gigantische anglikanische Kathedrale. Zwei ganze Fußballfelder hätten im Kirchenschiff Platz, in dem man bequem 1500 Mini-Cooper parken könnte. Vom Turm hat man einen der schönsten Blicke auf die Stadt und den Mersey. Vom Kirchenbauer Sir Giles Gilbert Scott (1880–1960) stammt auch das kurioseste Stück im riesigen Kirchenbau: die 1924 erfundene rote Telefonzelle mit kleinem Kuppeldach, die zum Vorbild vieler Zehntausend britischer Telefonhäuschen wurde.
- **Großbritanniens erste Moschee:** Ein nach einer Marokkoreise zum Islam konvertierter Liverpooler Rechtsanwalt gilt als Gründer der ersten Moschee auf den Britischen Inseln. Das Haus in der West Derby Road (8–10 Brougham Terrace) steht heute unter Denkmalschutz und ist Sitz der nach ihrem Gründer benannten Abdullah Quilliam Society. Sie hat die 1889 eingerichtete Moschee längst aufwendig renoviert.
- **Anfield Road** (24): Im Stadion an der Anfield Road schlägt das Herz der Stadt. Hier ist der Liverpool FC zu Hause, einer der erfolgreichsten Fußballclubs Europas. Hier ertönt auch bei jedem Heimspiel die legendäre Kicker-Hymne „You'll never walk alone", die auch in deutschen Stadien längst ihre Anhänger gefunden hat.
- **Die erste Straßenbahn Europas:** In Birkenhead erinnert das Wirral Transport Museum (s. S. 62) an die erste, anfangs noch von Pferden gezogene Tram Europas, die dort von 1860 bis 1937 verkehrte, ehe sie von Bussen abgelöst wurde. In Birkenhead stand auch eine der größten Straßenbahnfabriken, in der bis 1913 mehr als 3000 Fahrzeuge gebaut wurden. Die schönsten sind im Museum auf der Halbinsel Wirral zu sehen.

Besonders beliebt: Stadiontouren wie hier an der Anfield Road (24), wo der Liverpool FC zu Hause ist

115lp Abb.: gs

› **Liverpool One** 15: Mit Liverpool One verfügt die Stadt über eines der größten Einkaufszentren des Landes. Mehr als 150 Läden, Hotels, ein riesiges Freizeitzentrum mit großer Dachterrasse, Kinos, Bars und Restaurants gehören zu dem Shoppingparadies in der Stadtmitte.

› **Die erste Eisenbahn:** Die weltweit erste nach festem Fahrplan organisierte und über eine zweigleisige Strecke geführte Eisenbahnlinie verband seit 1830 Manchester mit Liverpool. „Lion" hieß eine der Loks auf dieser Strecke, die heute im Museum of Liverpool 3 steht und von Zeiten zeugt, in denen sich viele Menschen noch vor den dampfenden Schienenungeheuern fürchteten.

› **Scouse:** Das deftige Liverpooler Nationalgericht (s. S. 97) besteht aus einem Eintopf aus Schafs- oder Lammfleisch, Kartoffeln, Zwiebeln, Karotten oder anderem Gemüse. „Scouse" heißt gleichzeitig auch der schwer verständliche Dialekt, den die Liverpudlians sprechen (s. S. 99).

› **International Beatleweek:** Nirgends auf der Welt genießen die Beatles eine solche Verehrung wie in Liverpool. Jährlich um das letzte August-Wochenende treffen die aus allen Erdteilen kommenden Verehrer der Fab Four in der Stadt am Mersey auf die Fans aus Liverpool, um Musik zu hören, Platten und Bücher zu kaufen, vor allem aber um gemeinsam Erlebnisse und Erinnerungen auszutauschen, die ihnen John, Paul, George und Ringo beschert haben.

› **Museum of Liverpool** 3: Stadtgeschichte zum Anfassen – von den Anfängen bis zur Gegenwart. Viele Tausend Ausstellungstücke dokumentieren das Leben am Mersey. Zu erleben sind packende Kicks der lokalen Fußballvereine und Auftritte der Beatles, rasant geschnittene und zum Teil auf 360°-Leinwänden präsentierte Filme. Ein Museum als Erlebniswelt!

› **Weltgrößte Sammlung falscher Zähne:** Diese und andere Kuriositäten finden sich im Victoria Gallery & Museum (s. S. 61), das zur Universität Liverpool gehört und über ein schönes Mueumscafé verfügt.

116lp Abb.: gs

⊡ *Geschichte ohne Ende – gleich auf mehreren Stockwerken präsentiert das Museum of Liverpool 3 seine Schätze*

Tag 3

Vormittags

Liverpools Kathedralen, die katholische Metropolitan Cathedral of Christ the King 20 und die anglikanische Kathedrale 16, lohnen auf jeden Fall einen Besuch, nicht nur ihrer Größe und Architektur wegen. Beide Kirchen verfügen über Cafés und Shops, die den Aufenthalt verschönern. Wer es exotischer mag und Lust auf asiatische Küche hat: Liverpools Chinatown (Nelson Street [K–L12]) ist nicht weit.

Nachmittags

Im Sommer empfiehlt sich ein Ausflug in den Sefton Park (s. S. 84) mit seinem alten Palmenhaus oder in die Speke Hall Gardens (s. S. 84). Freunden zeitgenössischer Kunst seien das FACT (s. S. 62) oder das Bluecoat Arts Centre 14 ans Herz gelegt. Wer dann noch Zeit hat: Warum nicht noch einmal aufs Schiff steigen (s. S. 122) und ein bisschen träumen? Zweifellos die beste Art, von der Stadt Abschied zu nehmen.

117lp Abb.: gs

Stadtspaziergang

Wer die wichtigsten Sehenswürdigkeiten der Stadt auf einem Rundgang kennenlernen will, ist herzlich eingeladen, dem vorgeschlagenen Weg durch Liverpool zu folgen. Für den Weg sollte man ohne Besichtigungen und Zwischenstopps in gastronomischen Betrieben oder Geschäften etwa eineinhalb bis zwei Stunden einplanen. Wenn man sich Zeit nimmt und alles in Ruhe erkunden möchte, ist man allerdings deutlich länger unterwegs. In die Route kann man übrigens an jeder Stelle ein- oder aussteigen und mithilfe des Faltplans auch das eine oder andere Viertel am Rand der Tour erkunden.

Start- und Endpunkt ist das **Albert Dock** 1, wo man am Ende des Rundgangs noch das eine oder andere sehenswerte Museum aufsuchen oder zum Shoppen in das gegenüberliegende Einkaufsparadies Liverpool One 15 gehen kann.

Zunächst führt unser Rundgang ans Mersey-Ufer, von wo man am **Museum of Liverpool** 3 entlang zum **Pier Head** 4 schlendert. Hinter dem Denkmal für die Beatles schräg gegenüber dem Fährterminal erheben sich mit den sog. „Drei Grazien“ (s. S. 22) die Prachtstücke des Hafenviertels. Zwischen dem **Royal Liver Building** 5, das man auch als Besucher besteigen kann, und dem Cunard Building, in dem die **British Music Experience** (s. S. 27), zu Hause ist, führt eine Gasse über die Water Street Richtung Innenstadt. Vorbei am alten **Rathaus** 7,

◁ Sollte einmal so groß werden wie der Petersdom in Rom: Liverpools katholische Kathedrale 20

118lp Abb.: gs

in das man, wenn möglich, einen kurzen Blick werfen sollte, geht es über die Dale Street mit ihren zahlreichen Hotels ins Museumsviertel mit der St. George's Hall ⑨, der Walker Art Gallery ⑫, dem World Museum Liverpool ⑩ und der für viele Millionen Pfund renovierten **Central Library** ⑪. Einladend und preisgünstig sind die Museumscafés, die zur Mittagspause laden.

Frisch gestärkt geht es vorbei an der **Lime Street Station** ⑬, Liverpools prachtvollem, altem Bahnhof, Richtung Südosten bis zur Kirchenruine **St. Luke's Church**, die noch heute an die Zerstörung der Stadt durch deutsche Bomber erinnert.

Leece und Hardmann Street führen leicht bergauf zur Hope Street ⑱, die Liverpools katholische Kathedrale (**Metropolitan Cathedral of Christ the King** ⑳) mit der anglikanischen **Liverpool Cathedral** ⑯, einem der größten Gotteshäuser der Welt, verbindet. Von hier aus spaziert der Besucher, vorbei am großen chinesischen Tor, via Berry Street wieder leicht bergab zurück in die Einkaufsregionen der Innenstadt.

Multikulturell und mit vielen kleinen Restaurants zeigt sich die **Bold Street** [K11]. Kultur und Kunsthandwerk ballen sich in und um das **Bluecoat Arts Centre** ⑭. Durch die geschäftige Innenstadt führt der Weg zum **Cavern Quarter** ⑧ mit dem legendären **Cavern Club** (s. S. 74), dem Hort des Mersey Beat. Über die Castle Street führt unser Stadtspaziergang schließlich vorbei am Albion House ⑥ zurück zum Albert Dock.

⌃ *Blick aus dem Museum of Liverpool ③ auf die „Drei Grazien" am Pier Head ④*

Routenverlauf im Stadtplan

Der hier beschriebene Spaziergang ist mit einer farbigen Linie im Stadtplan eingezeichnet.

Erlebenswertes im Zentrum

Verlaufen kann man sich in Liverpool eigentlich nicht. Zwei große Kathedralen, die unterschiedlicher kaum sein könnten, bieten immer wieder Orientierung, markieren sie doch den Rand der Innenstadt. Richtung Westen schließt sich das Zentrum an, das im Süden und Osten der Mersey begrenzt. Die nachfolgend vorgestellten Sehenswürdigkeiten kann man zielgerecht mithilfe des beigelegten Faltplans aufsuchen – oder man lässt sich einfach ein wenig treiben, dann trifft man fast automatisch auf eine der Sehenswürdigkeiten. Auf dann!

1 Albert Dock ★★★ [I12]

Albert Dock heißt einer von Liverpools Touristen-Magneten. Millionen Besucher verschaffen sich hier jährlich einen Eindruck von der einstigen Hafenmetropole, von Kais und Warenlagern, in denen früher betriebsames Treiben herrschte. Heute geht es im Albert Dock nicht weniger geschäftig zu, es locken Museen, Hotels, Restaurants, Clubs und Bars. Die Tate Liverpool (s. S. 61) wirbt mit moderner Kunst, das kostenlose Merseyside Maritime Museum (s. S. 59) mit Seefahrtsgeschichte, nebenan wird im International Slavery Museum (s. S. 59) das dunkle Kapitel des Sklavenhandels aufgeschlagen und The Beatles Story 2 dokumentiert die Geschichte der Fab Four.

Das Albert Dock ist die größte Gruppe von Gebäuden in England, die als *Grade I* eingestuft sind (die *Grades I–III* markieren in Großbritannien Gebäude oder Denkmäler von außerordentlicher Bedeutung). Genau betrachtet ist das Dock eine Ansammlung nüchterner Zweckbauten, für deren Bau man einst in Schottland einen eigenen Steinbruch erschloss. Insgesamt wurden 23,5 Millionen Backsteine verbaut, denen 47.000 t Mörtel Halt verliehen. Alle Gebäude wurden um große, eiserne Gerippe montiert, die später eine individuelle Raumaufteilung erleichtern sollten. Entlang der Kais setzte man dorische Säulen ins Erdgeschoss, viereinhalb Meter hohe Eisenträger, die noch heute Blickfang sind.

Das Albert Dock galt einst als das modernste Lager der Welt, ausgelegt für maximal 250.000 t Ware, feuerfest und technisch ausgereift. Rum, Tabak und Baumwolle wurden hier hauptsächlich umgeschlagen, ab 1848 sogar mit den ersten hydraulischen Kränen der Welt. Außerdem war das Albert Dock die erste Anlage, die nur aus Eisen, Ziegel und Steinen bestand. Eine **architektonische Glanzleistung**, die schnell ihre Bewunderer fand.

Genau betrachtet besteht das Albert Dock aus verschiedenen, untereinander verbundenen Docks und fünf großen Warenlagern. Ältester Teil ist das 1715 fertiggestellte **Old Dock**, an dessen Stelle sich heute das Einkaufszentrum Liverpool One 15 befindet. Es war das erste große Dock der Welt und der Grundstein für Liverpools Entwicklung zur maritimen Weltmetropole. Inzwischen ist ein Teil des alten Docks wieder öffentlich zugänglich. Das Merseyside Maritim Museum (s. S. 59) organisiert spannende Führungen in die über Jahrhunderte verschüttete und von Archäo-

0621p Abb.: gs

logen wieder zugänglich gemachte Hafenanlage (Mi., Fr., jeden zweiten Do. und Sa. um 10.30, 12 und 14.30 Uhr, 8,50 £). Sie erlauben einmalige Einblicke in die Vergangenheit der Stadt und einen Blick auf jenen sumpfigen Untergrund, der am Anfang der Geschichte Liverpools stand und dem die Stadt ihren Namen verdankt. Während das Old Dock nicht mehr genutzt wird, dienen die **Graving Docks**, Liverpools zweitälteste Hafenanlage, heute dem Merseyside Maritime Museum als Freiluft-Ausstellungsfläche.

Im Zweiten Weltkrieg wurde das Albert Dock immer wieder von deutschen Bombern angegriffen. Am Ende des Krieges waren jedoch nur 14 % aller Lagerhäuser zerstört, sodass die Anlage schnell wieder in Ordnung gebracht werden konnte. Gegen die neuen Containerhäfen freilich hatte das Albert Dock wirtschaftlich auf Dauer keine Chance.

Statt aber wie einst angedacht das Dock ganz abzureißen, stellte man es glücklicherweise **unter Denkmalschutz** und wandelte es behutsam in ein Freizeitzentrum um. Die Umwandlung des Albert Dock signalisierte das Ende von Liverpools großer maritimer Geschichte, unterstrich gleichzeitig aber den neuen Anspruch der Stadt als Metropole der Künste und Museen – und als Freizeittreff, dessen Stellenwert heute ein gutes Dutzend Restaurants, Clubs und Bars unterstreichen.

› Bahnstation: James Street

⌃ *Albert Dock: einer von Liverpools Touristenmagneten*

Kleine Hafengeschichte Liverpools

Seejungfrauen und Meeresgötter, Anker und Leinen: Überall in Liverpool begegnet man noch heute **maritimen Symbolen.** Sie zieren Laternen ebenso wie Hausfassaden und Denkmäler, Wappen und Standeszeichen, verweisen so auf Liverpools Rolle als Hafenstadt. Für Jahrhunderte diente der Mersey zahllosen Seefahrern als sicherer Ankerplatz – jener Fluss, dessen Uferregionen einst Benediktinermönche mit ihren Fähren zur Besiedlung erschlossen hatten. Keiner aber ahnte damals, dass Liverpool einmal einer der wichtigsten Häfen der Welt werden sollte.

Anfangs stand Liverpool ganz **im Schatten der Nachbarstadt Chester,** die schon früh über einen eigenen Hafen verfügte. In Liverpool hingegen waren im Mittelalter mehr Fischer als Matrosen zu Hause, die sich damals um den „Liver Pool" angesiedelt hatten, wobei es sich um eine natürliche Ausbuchtung des Mersey-Flusses handelte. 1540 zählten die Chronisten ganze vier in Liverpool stationierte Schiffe, die gelegentlich ins benachbarte Irland, nach Wales oder zur Isle of Man segelten. Kohle, Eisen, Kupfer, Hopfen, Kleidung und Seife wurden exportiert, Fette, Leinen, Holz, Salzheringe und Fleisch importiert.

Mehrmals jährlich ging es auch Richtung Frankreich, von wo man Wein und Salz mitbrachte. Zur Hafenmetropole aber reifte Liverpool erst in der zweiten Hälfte des 17. Jahrhunderts, als man von hier aus mehr oder minder regelmäßig die Karibik ansteuerte. 1647 lösten sich die Liverpooler deshalb von Chester und **verwalteten ihren Hafen selbst.** Es folgten der Bau neuer Kais und die Professionalisierung des Hafenbetriebes, wo schließlich bis zu 5000 Menschen Arbeit finden sollten.

1715 öffnete das **erste kommerziell betriebene Schiffsdock der Welt,** mit dem man sich von Ebbe und Flut unabhängig machte. Bis dahin hatten die rund zehn Meter hohen Wasserstandschwankungen am Mersey das Be- und Entladen der Schiffe immer wieder erschwert. Weitere neue Docks kamen hinzu, was zu einer Ausweitung des Schiffsverkehrs und zu einer Intensivierung des Handels führte. Mit Amerika, Afrika und Asien nahmen die Reeder neue Ziele und Handelsrouten ins Auge, der Schiffsverkehr globalisierte sich mehr und mehr. So wuchs der Frachtumschlag zwischen 1709 und 1800 von 14.600 auf 450.000 Tonnen – und fast gleichzeitig verzehnfachte sich die Größe der Hafenanlagen.

Das meiste Geld verdienten Liverpools Reeder aber mit dem **Sklavenhandel.** Generationen lang pendelten jährlich zwischen 40 und 100 Schiffe zwischen Europa, Afrika und Amerika hin und her, kontrollierte Liverpool die Hälfte der weltweiten Sklaventransporte. Noch immer streiten sich die Gelehrten, wie viele Opfer der sogenannte „afrikanische Holocaust" gefordert hat. Von 12 bis 100 Millionen Menschen reichen die Schätzungen. Ein unrühmliches Kapitel in der Stadtgeschichte, für das sich Liverpools Stadtrat am Ende des letzten Jahrtausends förmlich entschuldigte.

Heute zeichnet das International Slavery Museum (s. S. 59) im Albert Dock dieses Stück Geschichte nach und dokumentiert das Geschäft der Reeder. Ihre sogenannte **„Dreiecks-Route"** gehörte zu den einträglichsten der Welt. Dabei wurden die Schiffe auf dem Weg von England nach Afrika mit Textilien, Alkohol und Waffen beladen, dort mit Sklaven Richtung Westindische Inseln oder Amerika bepackt, von wo es mit Tabak, Baumwolle, Reis, Kaffee und Gewürzen schließlich nach Liverpool zurückging, bis der Sklavenhandel 1807 endgültig verboten wurde.

Mitte des 19. Jahrhunderts war Liverpool der neben London wichtigste Frachthafen Englands, **Umschlagplatz** für die im Hinterland gewonnenen Rohstoffe und Industriewaren, die im Raum Leeds/Manchester erzeugt und auf neuen Schiffskanälen nach Liverpool gebracht wurden. Gleichzeitig importierten die Briten aus Irland landwirtschaftliche Erzeugnisse und Vieh.

Mit den ersten Eisenbahnverbindungen und den schließlich mit Dampfkraft betriebenen Schiffen war der **Lebensmittel- und Tierhandel** kein Problem mehr. Die Dampfschiffe verkürzten die Fahrzeit von Irland nach Liverpool auf gut zwölf Stunden, von dort ging es per Schiene weiter bis nach London. Auch Gewürze, Rosinen, Orangen, Zitronen, Feigen, Mandeln, Weine und Brandy wurden jetzt immer häufiger in Liverpool umgeschlagen, dazu Rohstoffe wie Baumwolle, Tabak, Palmöl, Guano, Hanf oder Tierfelle, Salz und Kohle. **Tausende von Hafenarbeitern** transportierten die Waren mit Muskelkraft vom Schiff ins Dock und umgekehrt, meist in Zwölf-Stunden-Schichten. Etwas Erleichterung brachten die ersten hydraulischen Kräne, die erstmals in Liverpool ihren Dienst taten. 1893 baute man den Overhead Railway, eine der weltweit ersten Eisenbahnstrecken auf Stelzen, die Liverpools Hafenanlagen miteinander vernetzte und den dort Arbeitenden zur An- und Abreise diente.

Liverpool avancierte schließlich im 19. Jahrhundert **zum wichtigsten Passagierhafen der Welt.** So starteten von den 5,5 Millionen Menschen, die zwischen 1860 und 1900 von Großbritannien aus den Atlantik querten, 4,75 Millionen in Liverpool. Allein 1851 fuhren vom Pier Head 455 Schiffe mit insgesamt fast 160.000 Passagieren nach New York. Zum Vergleich: In Bremen waren es im gleichen Jahr nur 132 Schiffe mit knapp 20.000 Amerika-Reisenden.

Schifffahrtsgesellschaften wie die Cunard Line oder die White Star Line, in deren Namen auch die weltberühmte Titanic – jener Luxusdampfer, der bei seiner Jungfernfahrt im Jahr 1912 mit einem Eisberg zusammenstieß – unterwegs war, mehrten Liverpools Ruhm als Hafenstadt. Ozeandampfer wie die Lusitania oder die Empress of Ireland, deren verkleinerte Nachbauten heute im Maritime Museum (s. S. 59) zu bestaunen sind, karrten Tausende Auswanderer über den Atlantik. Rund um den Pier Head, Liverpools Tor zur neuen Welt, errichteten Hafenverwaltung und Reedereien **gewaltige Bauten,** die heute zu den prachtvollsten der Stadt gehören.

▽ *Tausende von Hafenarbeitern belebten einst die Docks und Anlegestellen, wie diese alte Postkarte zeigt*

Auch Englands Militärstrategen wussten um die Qualität des Liverpooler Hafens – zum Unmut deutscher Militärs, denen die Vormachtstellung der Briten auf den Weltmeeren schon im Ersten Weltkrieg gegen den Strich ging. Immer wieder attackierten sie deshalb britische Schiffe wie die Lusitania, die ein deutsches U-Boot anno 1915 versenkte. Auch im **Zweiten Weltkrieg** galt Liverpools Hafen Deutschlands Militärs als wichtiges strategisches Ziel.

Nach dem Krieg war Liverpools Hafen nur noch einer von vielen. Die Zeiten hatten sich geändert: Im Passagierverkehr nach Amerika hatte das Flugzeug die Nachfolge der großen Atlantik-Liner angetreten, im Warenverkehr riesige Containerschiffe die alten Frachter abgelöst. Für Liverpools Hafen hatte das **dramatische wirtschaftliche Folgen.** Wurden von hier Ende der 1960er-Jahre noch fast ein Viertel der Fabrikwaren Englands exportiert, waren es zum Jahrtausendwechsel nicht mal mehr ein Zehntel – trotz des neuen, modernen Containerhafens im Norden der Stadt.

Inzwischen aber hat sich das Bild gewandelt. Längst ankern die größten Kreuzfahrtschiffe der Welt wieder am Pier Head 4 und riesige Containerschiffe schlagen am Unterlauf des Mersey ihre Waren um. Inzwischen erstrecken sich neue Hafenanlagen über gut zwölf Kilometer am Mersey entlang. Investitionen von mehr als einer halben Milliarde Euro haben vom Brunswick Dock in Liverpool bis zum Seaforth Dock auf der Ostseite des Mersey und den Birkenhead Docks zwischen Birkenhead und Wallasey auf der Westseite des Flusses Gestalt angenommen. Neue Kais und Verladeanlagen sind heute Teil des viertgrößten britischen Hafens, der sich neben dem Umschlag von Containern vor allem auf den Im- und Export von Kraftfahrzeugen spezialisiert hat.

2 The Beatles Story ★★ [I12]

„The Beatles Story" erzählt die Geschichte der Fab Four von ihren Kindertagen bis zur Auflösung der Gruppe. Beatles-Manager Brian Epstein, Paul McCartney, Cynthia Lennon und George Martin sind nur einige der Prominenten, die im Originalton den Aufstieg der Gruppe zur erfolgreichsten Band der Welt dokumentieren.

Am beeindruckendsten aber sind die maßstabsgerechten **Nachbauten ihrer Erfolgsstätten.** Dazu gehört die Bühne des Cavern Club ebenso wie der Eingang zum Hamburger Star-Club. Originalgetreu nachgebildet wurde auch der Cashbah Coffee Club, in dem die frühen Beatles, damals noch mit Pete Best am Schlagzeug, gern zu Gast waren. Außerdem finden sich im Museum John Lennons „White Room" mit dem großen Klavier, Ringo Starrs Schlagzeug, Harrisons erste Gitarre und von den Beatles getragene Anzüge. Deutsche Audioguides geleiten durch das Museum, zu dem auch ein Café und ein großer Shop mit Beatles-Devotionalien gehören. Für Kinder gibt es eine eigene *discovery zone* mit interaktiven Elementen.

› Britannia Vaults, Albert Dock, Tel. 7091963, www.beatlesstory.com. Da das Museum auch für private Events genutzt wird, wechseln die Öffnungszeiten häufig. In der Regel wird zwischen 9 und 10 Uhr geöffnet und zwischen 17 und 19 Uhr geschlossen, im Sommer manchmal noch später. Es ist ratsam, die Tickets schon vorher online zu ordern. Eintritt: Erwachsene 18 £, Kinder (5–15 Jahre) 10,50 £, Familienticket (2 Erwachsene und 2 Kinder) 50 £, Bahnstation: James Street.

Spektakulärer Hort der Stadtgeschichte: das Museum of Liverpool

3 Museum of Liverpool ★★★ [I11]

Es ist einer der spektakulärsten Museumsbauten Englands und eines der größten Stadtmuseen Europas: das Museum of Liverpool. Über drei Geschosse gibt es einen umfassenden den Überblick über die Historie der Stadt und ihrer Menschen – und das alles kostenlos, auch wenn die Museumsmacher eine kleine Spende für ihre Mühen erwarten. Und natürlich gehört auch zu diesem Museum ein gut sortierter Shop samt Café.

Originaldokumente, Fotos und Gemälde, Plakate, Filme, Kleider und andere Gegenstände erinnern an Schauspieler, Dichter, Komiker, Künstler und Sportler der Stadt, an **Menschen, die am Mersey von sich reden machten** und deren Geschichten hier erzählt werden. Eindrucksvolle Filme zeigen im Obergeschoss, wie die Beatles die Stadt berühmt machten und wie die Kicker Liverpools den Fußball auf der Insel prägten.

„Lion“ heißt die **Dampflok**, die anno 1838 Liverpool mit Manchester verband und heute ebenso im Museum zu finden ist wie die Hochbahn (**Liverpool Overhead**), eine Elektrobahn, deren Schienen auf Stelzen standen und die ab 1893 lange Zeit in der Stadt fuhr.

Fußballgeschichte ist im Museum aber auch zum Anfassen. So kann man alte Lederbälle ebenso in die Hand nehmen wie ihre synthetischen Nachfahren oder Spielertrikots anfassen – ein rund 100 Jahre altes Baumwolltrikot des Everton FC und ein Polyester-Hemd der Liverpool-FC-Kicker.

Holzbalken eines Hauses und zahllose Tonscherben, Münzen und Knochen zeugen vom **mittelalterlichen Liverpool.** Der modernen und weltoffe-

MEIN TIPP

Das Liverpooler Riesenrad

Vom „Wheel of Liverpool“ bietet sich einer der besten Blicke über die Stadt und den Mersey. 42 Gondeln bringen den Besucher gewöhnlich viermal auf 60 Meter Höhe. Der Höhenflug ist allerdings teuer und nur bei bestem Wetter sinnvoll.

★5 [I12] **The Wheel of Liverpool,** Keel Wharf, Royal Albert Dock, L3 4FN, Tel. 7098651, https://thewheelofliverpool.com, So.–Do. 11–22 Uhr, Fr., Sa. 11–23 Uhr, Erwachsene 12 £, Familienticket (zwei Erwachsene und zwei Kinder) 38 £

119lp Abb.: gs

nen Stadt ist eine kleine Schau über die **schwule und lesbische Bewegung** gewidmet.

Der Interaktivität sind im Museum kaum Grenzen gesetzt. So kann man stundenlang auf Bildschirmen surfen und immer tiefer in die **Stadtgeschichte** eintauchen. Für Kinder gibt es im Erdgeschoss mit Little Liverpool eine eigene Erlebniswelt.

› Pier Head, L3 1DG, Tel. 4784545, www.liverpoolmuseums.org.uk, Di.-So. 10-16 Uhr, Eintritt frei

4 Pier Head und Mersey-Fähre ★★★ [H11]

Nur ein paar Schritte neben dem Museum of Liverpool 3 findet sich der Pier Head. Die Uferpromenade gilt als **Schokoladenseite der Stadt**, die im späten Sonnenlicht ihren ganzen Charme entfaltet. Viel beachteter Blickfang sind die **vier Bronzestatuen der Beatles**, inzwischen das sicher am meisten fotografierte Denkmal der Stadt.

Royal Liver Building, Cunard Building und Port of Liverpool Building heißen die drei Prachtbauten am Pier Head, in Liverpool als die **„Drei Grazien"** *(Three Graces)* bekannt.

Anno 1907 wurde das **Port of Liverpool Building** als erstes großes Bauwerk an der neuen Uferpromenade errichtet. Es war das Hauptquartier des Mersey Dock and Harbour Board, der wichtigsten Schifffahrtsbehörde damals. Meterhohe Frauenfiguren, die Kommerz und Industrie verkörpern sollen, flankieren den Haupteingang des 13-stöckigen, neobarocken Prachtbaus.

Schon ein Jahr nach der Fertigstellung des Port of Liverpool Building begann man mit dem Bau des **Royal Liver Building** 5. Architektonisch fiel das 1911 vollendete Gebäude völlig aus dem Rahmen, verbanden sich in ihm doch Art Nouveau, barocke und byzantinische Elemente zu einem ganz neuen Stil, den man bis dahin nur aus Amerika kannte.

Zwei Jahre später wurde mit dem **Cunard Building**, das mehr einem italienischen Palazzo als einem Schifffahrtsbüro gleicht, die Lücke zwischen den beiden Bauten geschlossen. Der damalige Wolkenkratzer wurde zum Hauptquartier der noch

063lp Abb.: gs

heute existierenden Schifffahrtslinie Cunard. Wieder hatten sich die Architekten amerikanische Bauten zum Vorbild genommen und auch bei der Inneneinrichtung an nichts gespart. Besonders aufwendig wurde der Warteraum für die Erste-Klasse-Passagiere ausgestattet, die man auf diese Weise stilvoll auf die lange Reise über den Atlantik einstimmen wollte. Heute birgt das Haus mit der **British Music Experience** (s. S. 27) ein einzigartiges Museum zur britischen Rock- und Popmusik.

Am nördlichen Pier Head finden sich heute die **Anlegestellen der großen Kreuzfahrtschiffe** und ein **Denkmal,** das an ausgesuchte **Opfer des Titanic-Untergangs** erinnert – vor allem an die 244 Matrosen im Maschinenraum, die auf Befehl des Kapitäns bis zuletzt aushalten mussten, um auch im sinkenden Schiff noch für Strom zu sorgen. Am südlichen Ende mündet der mehr als 150 Kilometer lange Schiffskanal von Leeds über Manchester nach Liverpool.

Dazwischen liegt das Terminal der weltberühmten **Mersey-Fähren.** Es ist nach dem verstorbenen Liverpooler Sänger Gerry Marsden benannt, der den Fährbooten seinen weltbekannten Song „Ferry Cross the Mersey“ widmete. Die Fähren verbinden die Stadt mit der Halbinsel Wirral. Jüngste Attraktion auf der anderen Seite des Flusses ist **Eureka! Science + Discovery** 26, eine Erlebnislandschaft für Kinder. Ermäßigte Eintrittskarten hierfür kann man gleich mit dem Fährticket erwerben.

Empfehlenswert ist eine Tour auf dem Mersey bei gutem Wetter eigentlich immer. Die fünfzigminütigen River Explorer Cruises (s. S. 122) starten täglich ab 10 Uhr zu jeder vollen Stunde am Pier Head. Die letzte Rundfahrt-Fähre verlässt den Kai um 16 Uhr (von April bis Oktober an Wochenenden und Feiertagen um 18 Uhr). Nostalgiker können auf den Rundfahrtschiffen noch den alten Liverpool-Spirit fühlen – vor allem dann, wenn Gerry Marsdens legendärer Song aus den Bordlautsprechern krächzt: „So Ferry ’cross the Meeeerseyyyyyyy ’cause this land’s the place I love and here I’ll stayyyyyyyyyy ...“. Gelegentlich gibt es auch Konzerte von einer Beatles-Coverband auf dem Fährschiff – in Erinnerung daran, dass die Fab Four ihre ersten Konzerte im Rahmen von Riverboat-Shuffles auf dem Mersey gaben.

› Mersey Ferries, Victoria Place, Seacombe, Wallasey, Wirral CH44 6QY, www.merseyferries.co.uk, Tel. 3301003, River Explorer Cruises: 11,50 £, Familienticket 32–35 £, Bahnstation: James Street

5 Royal Liver Building ★★ [I10]

Erstmals in seiner Geschichte steht das Liverpools Uferpromenade prägende Gebäude, einer der ersten Wolkenkratzer Großbritanniens, jetzt Besuchern offen. Von oben bietet sich ihnen ein faszinierender Panoramablick auf die Stadt und den Mersey. Allerdings sind enge Treppen und 124 großteils steile Stufen zu bewältigen, sodass der Aufstieg, der Kindern erst ab 5 Jahren gestattet ist, ein gewisses Maß an Fitness verlangt.

Mit den „Drei Grazien“ am Pier Head zeigt sich Liverpool von seiner Schokoladenseite (im Vordergrund der Schiffskanal nach Leeds)

163lp Abb.: ©chrisdorney, stock.adobe.com

Im **Besucherzentrum** im Erdgeschoss erfährt man zunächst mehr über die Geschichte des 90 m hohen Gebäudes. Es wurde 1911 fertiggestellt und diente lange Zeit als Sitz einer Versicherungsgesellschaft. Ein Führer begleitet einen dann zum Lift in den 10. Stock, von wo es zu Fuß zum **Glockenturm** geht, dessen **Ziffernblätter** mit fast 8 Metern Durchmesser zu den größten Großbritanniens gehören und nachts hell erleuchtet sind. Nach einer kurzen **audiovisuellen Show** geht es noch mehrere Stockwerke höher zu einer **Aussichtsplattform,** die bei schönem Wetter einen fantastischen Ausblick ermöglicht. Direkt darüber befindet sich eine der beiden auf die Türme des Gebäudes gesetzten, 5,50 m hohen Vogelfiguren aus Bronze, die **Liver Birds** darstellen, die weltberühmten Wahrzeichen Liverpools (s. S. 102).

Die Rundgänge, begrenzt auf jeweils 14 Teilnehmer, dauern rund 70 Minuten. Kostenlos ist nur der Zugang zum Besucherzentrum im Erdgeschoss, das zumindest einen kleinen Eindruck verschafft, wie architektonisch bedeutsam das Gebäude einmal war.

› Pier Head, Tel. 2364753, www.rlb360.com, tgl. ab 9 Uhr, 16 £ (Kinder 11 £). Touren im Rahmen eines bestimmten Zeitfensters können online gebucht werden.

6 Albion House ★ [I11]

Das für die spätere Reederei White Star Line erbaute Haus gehört zu den architektonisch ausgefallensten in Liverpool. Die Fassade des denkmalgeschützten Baus besteht vertikal abwechselnd aus weißem Stein und roten Ziegeln – daher nennen die Liverpudlians das Haus auch *streaky bacon building,* also „Durchwachsener-Speck-Gebäude“. Nach dem Untergang der Titanic verlasen die Manager der Reederei vom Balkon des Hauses die Namen der Toten.

› 30 James Street, Station: James Street

7 Town Hall ★ [I10]

Zu den Glanzstücken Liverpools gehört die Stadthalle. Sie gilt als eines der schönsten Gebäude aus georgianischer Zeit – ein architektonisches Juwel, das von innen noch prächtiger wirkt als von außen.

Schon die Eingangshalle strotzt vor Schönheit. Wandfresken erzählen aus der Geschichte der Stadt, vor allem von ihrer Gründung durch Kö-

⌃ *Der Liver Bird, Wahrzeichen der Stadt, ziert das Royal Liver Building* 5

Die Titanic – Liverpools Luxusliner

Kein anderes Passagierschiff ist bekannter und hat größere mediale Aufmerksamkeit gefunden als die Titanic. Sie war das Prunkstück der Liverpooler Reederei White Star Line und bei ihrer Jungfernfahrt das größte Schiff der Welt. Keiner ahnte damals, das gleich der erste Praxistest für mehr als 1500 Passagiere tödlich enden sollte. 300 Seemeilen östlich von Neufundland kollidierte das damals modernste Schiff der Welt am 14. April 1912 kurz vor Mitternacht mit einem Eisberg und sank knapp drei Stunden später. Es handelte sich um eine der größten Katastrophen in der Geschichte der Seefahrt. Sie inspiriert noch heute Romanautoren, Filmemacher und Musiker zu immer neuen Werken.

Die Titanic war das Ergebnis eines gnadenlosen Wettbewerbs, den sich vor allem die beiden lange Zeit in Liverpool beheimateten Reedereien White Star Line und Cunard Line lieferten. Beide Gesellschaften unterhielten regelmäßige Schiffsverbindungen nach Amerika, die im Lauf der Jahre immer schneller wurden. So brauchten die White-Star-Schiffe der ersten Generation fast acht Tage für die Überfahrt nach New York. Schneller waren schließlich die Dampfer des Konkurrenten Cunard, der im Kampf um das „Blaue Band", mit dem man die schnellste Überfahrt nach Amerika würdigte, immer häufiger punktete und an der 6-Tage-Grenze für die Fahrt nach Amerika kratzte.

Ende des 19. Jh. gab man bei der White Star Line, die inzwischen von Liverpool auch eine regelmäßige Verbindung nach Neuseeland unterhielt, neue Rekordschiffe in Auftrag, die auf Anhieb das „Blaue Band" zurückholten. Da man in Sachen Geschwindigkeit aber schon bald wieder nicht mehr mit der Konkurrenz mithalten konnte, änderte man die Firmenpolitik: Nicht mehr mit Schnelligkeit wollte man jetzt punkten, sondern mit Größe und Komfort. Dieser Philosophie entsprang schließlich die Titanic mit ihren eleganten Suiten, Rauchersalons und Speisesälen und einem für die Passagiere der ersten Klasse reservierten Promenadendeck. In der dritten Klasse schlief man weiterhin in engen Kabinen mit bis zu vier Doppel- und Hochbetten.

Mit fast 300 m Länge, knapp 30 m Breite und einem Tiefgang von 10 m präsentierte sich die Titanic als besonderes Prachtstück, das wegen seiner vollautomatischen Wasserschutztüren als „praktisch unsinkbar" galt. Drei Propellerschrauben sorgten für eine Reisegeschwindigkeit von knapp 40 km/h. Im Schiffsbauch wurde der Dampfer mit täglich bis zu 640 t Kohle gefüttert, die in 29 Kesseln verschwanden und in 19 m hohen Schornsteinen in den Himmel geblasen wurden. Zu den Luxuseinrichtungen an Bord zählte die Elektrik, die vier dampfbetriebene Generatoren speisten. Auch das Schwimmbad war elektrisch geheizt. 10.000 Glühlämpchen spendeten Licht, mehr als 500 Heizkörper sorgten für Wärme. Die bordeigene Elektrik versorgte auch Fahrstühle und Kücheneinrichtungen wie Bratöfen und Tellerwärmer, Eismaschinen, Kartoffelschäler, Teigmixer und Fleischwölfe. Modernes Equipment, das an Bord auch ein À-la-carte-Essen erlaubte.

Platz für 2400 Passagiere bot die Titanic, um die sich rund 900 Besatzungsmitglieder kümmerten, einschließlich einer kompletten Bordkapelle. Nicht einmal 300 Personen sorgten für den eigentlichen Schiffsbetrieb, darunter 167 Heizer, 71 Kohlentrimmer und 33 Maschinenfetter, wie sich die Spezialisten im Schiffsbauch nannten.

Mit rund 2200 Passagieren und Besatzungsmitgliedern ging der Luxusliner schließlich auf seine erste große Fahrt. Viel Prominenz zählte dazu, vor allem Vertreter von Industrie und Handel. 72,5 t Fleisch und Fisch hatte man unter anderem zur Jungfernreise gebunkert, 400 kg Tee und 1100 kg Kaffee, außerdem viele Tausend Flaschen Alkohol. Das irische Queenstown (heute: Cohb), wo noch einmal ein paar Passagiere zustiegen, war die letzte europäische Station auf der Reise von Southhampton nach New York.

Warnungen vor Eisfeldern und Eisbergen gingen während der Überfahrt gleich mehrfach bei den Bordfunkern ein, die diese Sicherheitshinweise allerdings wegen der Übermittlung privater Telegramme nicht an die Männer am Schiffssteuer weiterleiteten. Am 14. April kurz vor Mitternacht rammte die Titanic so einen riesigen Eisberg, der ein Loch in den Bug riss und das Schiff langsam flutete. Schon wenig später begann die Evakuierung der Passagiere. Hunderte – vor allem Kinder und Frauen – wurden in Rettungsbooten zu Wasser gelassen. Weil das Schiff aber lange Zeit noch relativ stabil im Meer lag und das achtköpfige Bordorchester immer weiter musizierte, glaubten viele Passagiere, sie seien auf dem Dampfer sicherer als in den Rettungsbooten. Ein fataler Irrtum.

Gut zwei Stunden nach der Kollision mit dem Eisberg zerbrach der Schiffsrumpf und das Heck richtete sich steil auf. Ein Moment, der Filmgeschichte machte, als sich in einem 1997 veröffentlichten Spielfilm über den Untergang der Titanic Leonardo DiCaprio und Kate Winslet auf dem auseinanderbrechenden Luxusliner ihrer Liebe versicherten. Hunderte trieben gleichzeitig hilflos im eiskalten Wasser. Am Ende zählte der offizielle britische Untersuchungsbericht zwischen 1490 und 1517 tote Passagiere und Besatzungsmitglieder, darunter den Kapitän. Nur 711 Menschen überlebten die Katastrophe.

In Liverpool sind die Titanic und ihr Schicksal bis heute unvergessen, schließlich stammten über 90 Crewmitglieder aus der Stadt am Mersey. Im Merseyside Maritime Museum (s. S. 59) am Albert Dock erzählt eine eigene Ausstellung ihre Geschichte: Der Ozeandampfer ist im Museum zwar auf gut sechs Meter verkleinert, aber originalgetreu nachgebaut. Zudem werden kleine Geschichten über die Titanic und ihre Passagiere erzählt, zum Beispiel über zwölf mitreisende Hunde, von denen drei den Untergang des Schiffs überlebten. Zu hören sind gelegentlich auch ausgesuchte Musikstücke, die das Bordorchester damals zum besten gab – oder dramatisch gestaltete Erzählungen über das sinkende Schiff.

Am nördlichen Ende des Pier Head 4 erinnert ein fast 15 m hoher Granitstein an die Opfer: vor allem an die zahlreichen Schiffsingenieure, die auf Befehl des Kapitäns bis zum Schluss ausharren mussten, um die elektrische Versorgung auf der Titanic sicherzustellen, die erst zwei Minuten vor dem endgültigen Untergang ausfiel.

An die Musiker der Bordkapelle, die ebenfalls bis zum Schluss aufspielten, erinnert ein Memorial im Foyer der Philharmonic Hall 19. Während die Passagiere in die Rettungsboote stiegen, begleiteten sie die Musiker mit Ragtime-Klängen. Auch von ihnen überlebte keiner.

nig Johann Ohneland. Beeindruckend ist die von hier nach oben führende Freitreppe, die schönste Liverpools, die einen einmaligen Blick in die blau und golden ausgemalte, gut 32 m hohe Kuppel gewährt. Oben sind die städtischen Repräsentationsräume einschließlich des großen Balkons, auf dem Großbritanniens Monarchen ebenso standen wie die Beatles, die sich hier 1964 von den Liverpudlians für ihre ersten Welthits feiern ließen.

Prunkstück ist der **große Ballsaal.** Drei der wertvollsten europäischen Lüster hängen hier: achteinhalb Meter hohe und mehr als eine Tonne schwere Leuchter aus jeweils über 20.000 Kristallglasteilchen, unbezahlbare Unikate heute. Das Rathaus ist gewöhnlich im Rahmen geführter Touren zugänglich, deren Termine sich auf der Website finden.

› High Street, L2 3SW, Tel. 2333020, www.liverpooltownhall.co.uk, Bahnstation: James Street oder Moorfields

8 Cavern Quarter ★★★ [J10]

Herz des Viertels ist der 1957 eröffnete **Cavern Club** (s. S. 74), in dem anfangs authentischer Jazz, schon bald aber Skiffle und schließlich Beat gespielt wurde. Die Beatles, heißt es auf einem Schild in Bühnennähe, spielten hier zwischen dem 9. Februar 1961 und dem 3. August 1963 genau 292 Mal. Große finanzielle Erfolge waren dem kleinen Cavern Club freilich nie beschieden, obwohl dort Giganten wie The Who, Eric Clapton oder The Rolling Stones auftraten. 1973 machte der Club deshalb dicht

MEIN TIPP

British Music Experience

Rund 600 Bühnenkostüme, u. a. ein Tourneekleid von David Bowie, Instrumente von z. B Jimi Hendrix oder Ex-Rolling-Stone Bill Wyman, Tausende von Fotos, 90 Stunden Filmmaterial und handgeschriebene Songtexte von Amy Winehouse und anderen gehören zu den Ausstellungsstücken.

Besonders spannend wird es zum Schluss der Musikschau, wo man sich ein Schlagzeug oder eine der Gitarren schnappen kann, mit denen die Großen der Größten einst auftrumpften. In einem großen Raum darf getanzt werden: Ein virtueller Tanzlehrer bringt den Besuchern die zu den Hits passenden Schritte bei.

M6 [I11] **British Music Experience,** Cunard Building (Canada Boulevard), L3 1DS, Tel. 0151 5190915, www.britishmusicexperience.com, im Sommer i. d. R. tgl. mit wechselnden Öffnungszeiten, im Winter Mi.–So. 10–16 Uhr, Eintritt: 19 £ (Familienticket 50 £)

152lp Abb.: gs

Die British Music Experience zeigt Hunderte Devotionalien der Rock- und Popgeschichte

und räumte seinen Platz für den Bau der Metro. 1984 aber meldete sich der Cavern Club wieder zurück, nur ein paar Schritte neben dem ehemaligen Club wurde er unter Verwendung vieler Originalsteine neu aufgebaut.

1994 öffnete der **Cavern Pub** gegenüber, neben dessen Eingang eine Statue John Lennons steht. Ein paar Schritte weiter findet sich die **Liverpool Wall of Fame.** Mehr als 50 kleine, runde Bronzetafeln, die an Nummer-Eins-Hits Liverpooler Künstler in den britischen Charts von 1953 bis heute erinnern – von Lita Roza's Hit „How Much is that Doggie in the Window?" bis Atomic Kitten's „The Tide is High". Wieder ein paar Schritte weiter findet sich eine Statue mit dem Titel „Four Lads Who Shook The World", darunter ein kleiner Engel mit Gitarre, der nach dem Tod John Lennons hinzugefügt wurde.

Seit den 1970er-Jahren hat das Cavern Quarter sein Gesicht komplett verändert. Aus dem schmutzigen Vergnügungsviertel von einst, durch das sich die Autos quetschten, ist **eine touristische Amüsiermeile geworden**, eine Fußgängerzone mit Clubs, Pubs und Restaurants – und mit dem **Liverpool Beatles Museum** (s. S. 60), das auf drei Stockwerken rund 1000 Artefakte aus der Beatles-Ära zeigt. Aus dieser Zeit bis heute überlebt hat auch der White Star Pub (s. S. 73), in denen die Fab Four und andere im Cavern Club gastierende Gruppen hin und wieder ihren Durst löschten – im Cavern gab es anfangs meist keinen Alkohol.

Das hat sich geändert. Heute steht das Cavern Quarter für Feiern satt und Tausende von Erlebnishungrigen verwandeln vor allem am Wochenende die **Mathew Street**, das Epizentrum des Liverpooler Nachtlebens, in eine einzige **Partyzone.** Dann ist hier die Hölle los und das Volk amüsiert sich, ohne groß auf Etikette zu achten.

Der Cavern Club ist noch immer die erste Adresse für Beatles-Fans

120lp Abb.: gs

Yeah, Yeah, Yeah – ein Sound geht um die Welt

Es waren die Beatles, die Liverpool in aller Welt bekannt machten. Am Mersey stand die **Wiege des Beat,** jenes typischen Gitarrensounds, den junge, weiße Klangkünstler vor einem halben Jahrhundert aus Skiffle, Rock 'n' Roll und Blues entwickelten. Mit ihrer Musik verkörperten John, George, Paul und Ringo ein neues Lebensgefühl, Millionen meist junger Menschen fühlten sich von ihren Rhythmen und Texten beseelt. Hit-Lieferanten wie Echo & The Bunnymen, Frankie Goes to Hollywood, Orchestral Manoeuvres in the Dark, Atomic Kitten, Melanie C, Ladytron, A Flock of Seagulls oder The Coral halten Liverpools musikalische Reputation bis heute am Leben.

Wie viele Hafenstädte hatte auch Liverpool **schon immer eine lebendige Musikszene.** Schließlich galt es, Zehntausende von Matrosen auf ihren Landgängen bei Laune zu halten, nicht nur mit Seemannsliedern. Und auch die Dockarbeiter waren für jede Stunde Abwechslung dankbar, die ihnen die Clubs und Bars mit ihren Musikern versprachen. Jahrhundertelang aber war Liverpools Musikszene nur eine von vielen.

Das änderte sich in den späten 1950er-Jahren, als mit dem **Skiffle** eine neue musikalische Stilrichtung am Mersey Einzug hielt: eine Mischung aus Folk und Jazz, oft bestimmt von einfachsten Instrumenten wie Waschbrett oder Mundharmonika. Daneben existierte der Rock 'n' Roll, dem Musiker wie **Billy Fury** verpflichtet waren, der die gleiche Schule wie der spätere Beatles-Drummer Ringo Starr besuchte. Fury, der eigentlich Ronald William Wycherley hieß, verkörperte den Liverpooler Rock 'n' Roller. Er war der angeblich erste Brite, der in den US-Musik-Charts aufgetaucht war. Amerikanische Seeleute hatten dem 1940 geborenen Teenager auf einem Mersey-Schlepper Country- und Western-Lieder beigebracht, ehe er sich mit Skiffle und Rock 'n' Roll in den Cafés und Bars der Stadt verdingte. Am Rand des Albert Dock haben die Liverpudlians dem 1983 verstorbenen Musiker ein Denkmal gesetzt. Hin und wieder zieren es frische Blumen, Geschenke seiner Fans, die er in den 1960er-Jahren mit immer neuen Top-Twenty-Hits verwöhnte.

Zum wirklichen Mersey-Sound aber wurde schließlich der Beat, der wegen seiner Eingangstakte und anderen Rhythmusfolge im Gegensatz zum Rock 'n' Roll musikalisch homogener wirkte. Die typische Besetzung einer Beatband bestand in der Regel aus vier bis fünf Personen, die Melodie-, Rhythmus-, Bassgitarre und Schlagzeug spielten. Gruppen wie Gerry and The Pacemakers fühlten sich dem Stil verpflichtet oder auch Cilla Black, die im Cavern Club als Garderobenfrau gearbeitet hatte, einem 1957 gegründeten Club im Herzen der Stadt, der heute allgemein als Keimzelle des Mersey Beat gilt. Dieser zeichnete sich durch mehrstimmige Gesänge und eine einfache Strophe-Refrain-Strophe-Struktur aus.

1960 organisierte der **Cavern Club** die erste Beat Night mit Rory Storm and The Hurricanes, an deren Schlagzeug kein Geringerer als Ringo Starr saß. Es war der Auftakt zu einer musikalischen Revolution mit weltweiten Folgen. Cavern-Club-Größen wie Billy J. Kramer and The Dakotas, The Swinging Blue Jeans, The Remo Four,

Gerry and The Pacemakers oder The Searchers etablierten den Beat, der schließlich zur Hitparaden-Marke wurde. Mehr als dreihundert lokale Gruppen existierten damals in der Stadt und ihrer Umgebung, von denen die Beatles später Weltgeschichte schreiben sollten.

Grundstein der Beatles war ein Pfarrfest im Vorort Woolton. Im Juli 1957 trafen Paul McCartney und John Lennon, der damals mit den „Quarry Men" eine von vielen Liverpooler Schülerbands formiert hatte, dort erstmals zusammen. Es war der Anfang einer Freundschaft, der die Welt zahllose Hits verdanken sollte. Zwei Jahre später wurden aus den „Quarry Men" die „Moondogs", wieder ein Jahr später die „Silver Beatles", die als Begleitband von Tony Sheridan schließlich in Hamburg von sich reden und ihre ersten Plattenaufnahmen machten. Dort wurden ihnen auch jene Frisuren verpasst, die zum Markenzeichen der „Pilzköpfe" wurden. Im August 1962 filmte ein Fernsehteam erstmals einen Auftritt der Beatles im Cavern Club, dem kurze Zeit später mit „Love Me Do" die erste offizielle Single in Großbritannien folgte – einer von über 1,3 Milliarden Tonträgern, welche die Beatles bis heute verkauft haben.

Liverpools Musikszene aber war schon damals **mehr als nur die Beatles.** Neben den klassischen Gitarrengruppen gab es eine **große Country-Gemeinde** am Mersey, weshalb die Stadt gern auch „Nashville des Nordens" genannt wurde. Und es gab eine kleine Soul-Szene, die hauptsächlich Schwarze Musiker bestimmten. Dutzende von großen und kleinen Clubs boten ihnen Auftrittsmöglichkeiten, hinzu kamen Hallen und Pfarrheime, in denen sich die meist jungen Leute einem immer größer werdenden Publikum präsentieren konnten.

Im Jahr 1965 kam Allan Ginsberg, der Dichter der Beatgeneration, nach Liverpool, um die Stadt zum „Zentrum des Bewusstseins des Universums" zu erklären. Er propagierte **psychedelische Musik und bewusstseinserweiternde Drogen** – eine Botschaft, die schließlich auch die Beatles erreichte. Ihre Drogen- und Meditationserfahrungen schlugen sich musikalisch in neuen, experimentellen Alben nieder. Im Jahr 1970 aber war das gemeinsame künstlerische Potenzial der Beatles aufgebraucht, die sogenannten „Fab Four" lösten sich auf.

Das Ende der Liverpooler Musikszene aber war das nicht – im Gegenteil. Immer wieder betraten neue Bands die Bühne, öffneten neue Locations. Eine war Eric's Club in der Mathew Street [J10], wo Gruppen wie Echo & The Bunnymen, Orchestral Manoeuvres in the Dark oder Frankie Goes to Hollywood erste Erfolge feierten. Ende der 1980er-Jahre aber musste auch dieser Club schließen, da riesige Tanzhallen wie das „Cream" in Mode kamen, die auf prominente Discjockeys statt Livemusik setzten.

Heute zeigt sich Liverpools **Musikszene bestens erholt.** Gruppen wie The Zutons, The Wombats, The Lightning Seeds, Ultrabeat oder Ladytron stehen für die neuen Töne aus der Stadt.

Seiner noch immer großen Livemusikszene mit Clubs und Festivals verdankt Liverpool auch den UNESCO-Titel „City of Music", den rund 60 Städte weltweit tragen. Mit der International Beatle Week und anderen regelmäßigen Festivals hat die Stadt zudem einen Rahmen geschaffen, der Musikliebhaber aus aller Welt regelmäßig an den Mersey reisen lässt.

MEIN TIPP

Weitblick

Lange Jahre war der 138 Meter hohe Radio City Tower geschlossen. Inzwischen erlaubt er Besuchern aber wieder einen einmaligen Blick auf die Stadt. Ganz Liverpool liegt einem dann zu Füßen. Bei gutem Wetter sieht man sogar bis zur Mündung des Mersey und weit über die Halbinsel Wirral.

★7 [K10] **Radio City Tower Viewing Gallery,** St. John's Beacon, 1 Houghton Street, L1 1RL, http://stjohnsbeacon.co.uk, Mo.–Fr. 11–17.30, Sa., So. 11–18 Uhr, 7,50 £

9 St. George's Hall ★★ [K10]

Mit einem dreitägigen Musikfest wurde Liverpools erste große Konzerthalle 1855 in Betrieb genommen. Ein Meisterstück der Architektur, ein neoklassizistisches Juwel mit griechisch anmutendem Äußeren und römischem Inneren.

Heute verbirgt sich die Ruhmeshalle hinter gewaltigen Bronzetüren, in ihrem Mittelpunkt ein allegorisch fast überfrachteter Saal mit riesiger Orgel. Mozart, Beethoven und Haydn sind Namen, die sich auf den Wänden finden. Ihrer Musik lauschen Liverpools Bürger hier noch immer gern. Im Innern präsentiert eine spannende, interaktive Tour namens „The History Whisperer" (45 Minuten) die Geschichte des Gebäudes.

Wenigstens eine kurze Betrachtung wert sind auch die vier Steinlöwen vor St. George's Hall – auch sie sind mehr als 150 Jahre alt – und die beiden **Reiterdenkmäler** von Prinz Albert und Königin Victoria.

› St. John's Lane, L1 1JJ, Tel. 2333020, www.stgeorgeshallliverpool.co.uk, Besichtigung der Halle: Mo.–Sa. 9.30–16.45 Uhr, Eintritt frei, Tour „The History Whisperer": Mo.–Sa. 10–14.50 Uhr, 6 £, Bahnstation: Lime Street Station

St. George's Hall mit der Reiterstatue von Prinz Albert

039lp Abb.: gs

Tudor, georgianisch, viktorianisch – britische Architektur

Zur Einordnung ihrer Architekturstile benutzen die Briten Begriffe, die auf dem Kontinent weniger gebräuchlich sind. Während bei uns Romanik, Gotik, Renaissance, Jugendstil und andere Definitionen dominieren, kennen die Engländer auch Ausdrücke wie Tudor, Elisabethanisch, Georgianisch, Regency oder Viktorianisch, mit denen sie ihre Bauwerke charakterisieren. Die Stilbezeichnungen erinnern an die jeweils während der Bauzeit regierenden englischen Herrschaftshäuser.

Tudor zum Beispiel bezeichnet die Ära zwischen 1480 und 1600, in der vorwiegend große Land- und Bürgerhäuser entstanden, die mehr und mehr mit Ziegelsteinen verziert wurden. Typisch für diese Zeit sind Bauten mit schwarzem Fachwerk und weißer Füllung. Auch Schornsteine kommen zur Tudor-Zeit in Mode, ebenso kleine Glasfenster. Speke Hall vor den Toren der Stadt ist ein typisches Beispiel für diese Architekturepoche. Formal kaum anders sehen die **elisabethanischen Bauten** (1558–1603) aus, die als Vorläufer der britischen **Renaissance** (1603–1714) gelten. Die repräsentativen Stadthäuser dieser Zeit sind Ausdruck steigenden Wohlstands der Kaufleute.

Liverpools Stadthalle 7 gehört zu den ersten Bauten des neuen **Georgianischen Stils** (1714–1810). Elegante Eingangstore und kleine Vorgärten sind typisch für diese Bauten, auch die Arkaden im Erdgeschoss. **Regency** (1810–1830), benannt nach einem Ersatzregenten, der den psychisch kranken und blinden König Georg III. vertrat, heißt die folgende Architekturepoche, die erstmals im großen Stil mit Gusseisen arbeitet – und mit Stuck, der die fast identischen Reihenhäuser mit ihren kleinen Säulengängen verziert. Mit dem **viktorianischen Stil** schließlich erobern Gusseisen und Glas die Bühne – perfekt zu sehen in Liverpools Palmenhaus im Sefton Park. Noch typischer für diese Zeit freilich sind die monotonen Reihenhäuser aus rotem Ziegelstein.

10 World Museum Liverpool ★★★ [K9]

In dem nach radikalem Umbau fast doppelt so großen Museum kann man **leicht einen ganzen Tag verbringen**, da tut Auswahl Not. Vor allem Besucher, die mit Computern umzugehen wissen, kommen in den über viele Stockwerke verteilten Ausstellungen ganz auf ihre Kosten, laden doch überall Bildschirme zum Surfen und zu spannenden Spielen ein. Und auch für Kinder gibt es genügend Interessantes, u. a. ein **Insektenhaus**, das viel Wissenswertes über die Krabbeltierchen vermittelt.

Rund 40.000 Objekte aus Afrika, Asien, Amerika und Ozeanien umfassen die **ethnologischen Sammlungen**, die von Voodoo-Zauber und Magie erzählen sowie vom Leben fast ausgestorbener Völker: Weltkultur von den Aborigines bis zu den Maori, die sich in wunderschönen Masken, Schreinen und kunstvollem Handwerk zeigt. Mit filigranen Schnitzereien verzierte Elefantenstoßzähne künden aber auch von der **Kolonialmacht England**, die sich viele der

Ausstellungsstücke eigenmächtig angeeignet hat.

Eine Sammlung alter Uhren weist im obersten Stockwerk den Weg in die **Weltraum-Ausstellung**, die von Astronauten und ihren Entdeckungen erzählt. Ein Stockwerk tiefer finden sich Millionen Jahre alte **Fossilien** und ein **Megalosaurus**, der 1842 in Südengland gefunden wurde.

Noch umfangreicher sind die **botanischen** und **zoologischen Ausstellungen**, in denen es immer wieder Neues zu entdecken gilt, z.B. im großen Aquarium im ersten Stock, wo sich Meeresbewohner wie Rochen, Clownfische und ein Hai tummeln.

Im **Museumscafé** im Erdgeschoss wird Frühstück ebenso wie Mittagessen serviert. Für Sparfüchse bietet das Museum zudem im 4. Stock einen Picknickraum.

› William Brown Street, L3 8EN, www.liverpoolmuseums.org.uk/world-museum, Tel. 4784393, Bahnstation: Lime Street Station, Busstation: Queen Square, Di.–So. 10–16 Uhr (in den Sommerferien tgl.), Eintritt frei

⑪ Central Library ★★★ [K9]

Im mächtigen Bau zwischen World Museum ⑩ und Walker Art Gallery ⑫ verbirgt sich eine der schönsten Bibliotheken Europas. Das aus der Mitte des 19. Jahrhunderts stammende Bildungshaus ist heute **eine der modernsten Schrift- und Bildersammlungen des Landes**, technisch bestens ausgestattet.

Für Besucher gibt es Computer zur kostenlosen Nutzung und eine große Auswahl an Computerspielen. Das Highlight der Bibliothek aber ist der von 1879 stammende runde **Picton Reading Room** mit seinem einmaligen Ambiente, in den man auf alle Fälle einen Blick werfen sollte.

Zu den **Schaustücken** des Hauses zählen französische Stundenbücher, Drucke von Lucas Cranach dem Älteren, mittelalterliche Holzschnitte und farbige Weltchroniken aus dem späten 15. Jh. Ein besonderer Schatz ist eine Kopie des größten Naturkundebuches der Welt, **James Audubon's „Birds of America"**. Ein Besuch in der Bibliothek ist unbedingt lohnenswert.

› **Central Library**, William Brown Street, L3 8EW, Tel. 2333069, www.liverpool.gov.uk, Mo.–Fr. 9–20, Sa. 9–17 Uhr, Eintritt frei

Ein Paradies nicht nur für Bücherfreunde: die imposante Zentralbibliothek ⑪

161lp Abb.: gs

„Handels- und Hafenstadt von Weltrang“ – auf den Spuren großer Architektur

Im Juli 2004 hatte die UNESCO große Teile der Stadt zum Weltkulturerbe erklärt: Über 100 Objekte aus dem 18., 19. und frühen 20. Jahrhundert, die Liverpools Geschichte als globale Handels- und Hafenmetropole dokumentieren – Kanal- und Hafenanlagen, Docks, Börsen-, Büro- und Versicherungspaläste, eine alte Polizeistation und die prachtvollen Gebäude am Pier Head 4. Zu ihren Perlen gehören das Albert Dock 1, die Stadthalle in der Water Street 7, die im Stil griechischer Tempel errichtete St. George's Hall 9 und die sogenannten Bluecoat Chambers 14.

Liverpools kulturelles Erbe ist zu einem großen Teil **Zweckarchitektur,** verlangt den Blick hinter die Kulissen und ein bisschen Wissen um Schifffahrts- und Hafengeschichte im 18. und 19. Jahrhundert. Auch um Handelsgeschichte, die sich in Börsen und Versicherungspalästen, in prächtigen Bürobauten und Banken niedergeschlagen hat. Viele der Bauten wurden in den letzten Jahren renoviert und in Restaurants und Hotelpaläste umgewandelt.

Als Einstieg in Liverpools architektonisches Erbe empfiehlt sich die Erkundung des **Albert Dock** 1 und ein Gang entlang des Pier Head 4. Wer sich noch mehr für Liverpools maritime Vergangenheit interessiert, dem sei ein Abstecher Richtung Stanley Dock empfohlen. Knapp 30 Fußminuten Richtung Norden, wo man noch am besten erahnen kann, wie es in der alten Hafenstadt einst ausgesehen hat. Der Weg dorthin führt an der sogenannten **Dock Boundary Wall** entlang, einer meterhohen und fast 3 km langen Mauer, die einst die Hafenanlagen von der Stadt trennte. Als schicke Apartment-Siedlung präsentieren sich heute weite Teile des Prince's Docks [H9]. Nichts erinnert mehr an die Zeiten, als Hunderttausende von Emigranten hier ins Schiff Richtung Amerika stiegen. Etwas weiter thront der **Stanley Dock Warehouse Complex,** den man jüngst in ein stilvolles Hotel und Apartment-

104lp Abb.: kw

haus der Extraklasse umgewandelt hat – mit bis zu 610.000 £ teuren Lofts. Das Stanley Dock Warehouse war ursprünglich das größte Backsteingebäude der Welt und wurde lange Zeit als Tabakspeicher genutzt. 27 Millionen Steine verbaute man hier einst.

Wer weniger Zeit für die Erkundung des einstigen Hafenviertels im Norden der Stadt hat, geht vom Pier Head in Richtung Innenstadt. Denn nur einen Katzensprung weiter findet sich um Dale Street [J10] und Castle Street [I/J10] **Liverpools historischer Kern.** **The Strand** [I11] heißt die heute mehrspurige Straße, die das Altstadtviertel vom Pier Head trennt. Wie der Namen schon sagt, war es die einstige Uferpromenade, von der die Water Street [I10] zum Rathaus führte. Im 18. Jahrhundert noch war die Gegend vorwiegend Wohngebiet, ehe sie mit dem Bau der neuen Börse ihr Gesicht veränderte. Banken, Versicherungen und Reedereien kamen hinzu, aus dem Wohn- wurde langsam ein Geschäftsviertel.

Herzstück der Altstadt ist die Castle Street mit der alten Town Hall 7 am Kopfende. Kaum eine andere Straße zählt so viele geschützte Bauwerke, ist kunsthistorisch so wertvoll. Da lohnt es sich, genauer hinzuschauen, Türen und Fenster näher unter die Lupe zu nehmen, dorische und korinthische Säulen zu bewundern oder allegorische Figuren zu bestaunen – Kleinigkeiten allesamt, die in ihrer Summe aber die Castle Street zu Liverpools Prachtallee werden ließen.

Vom einstigen Glanz erzählt auch das mächtige **Queen Victoria Denkmal** am Derby Square [J11], das sich heute dort findet, wo Liverpools erste Burg stand. Das Anfang des vorigen Jahrhunderts errichtete Monument sollte den Patriotismus der Liverpooler Bürger verkörpern, die Queen Victoria die endgültige Bestätigung ihrer Stadtrechte verdanken.

Zeugen der Hafengeschichte begegnet man am Mersey auf Schritt und Tritt

Water und **Dale Street** [I–J10], die nahtlos ineinander übergehen, zählen ebenfalls zahlreiche Kulturdenkmäler von Weltrang: Bank- und Versicherungspaläste, die ihre Vorbilder in Chicago und New York hatten und heute zum Teil als Hotels genutzt werden. Hier und in den beiden Parallelstraßen Brunswick Street [I10] und James Street [I11] schlug Liverpools merkantiles Herz, makelten Fachleute Millionen. Vor allem die großen Schifffahrtslinien hatten hier ihre Residenzen, etwa im **White Star Building** 6 (Ecke The Strand/James Street), das besser als „Albion House“ bekannt ist. Mit der **Victoria Street** [J10] schlug man Mitte des 19. Jahrhunderts eine neue West-Ost-Achse durch das alte Stadtzentrum, entlang derer sich schnell neue Unternehmen ansiedelten, darunter Lebensmittelhändler und Produzenten von Billardtischen.

Vom alten Stadtkern sind es nur gut fünf Fußminuten zur **William Brown Street** [K10]. Es ist Liverpools Museumsinsel. Im 18. Jahrhundert war hier noch Heideland, säumten Windmühlen die Gegend. Erst Mitte des 19. Jahrhunderts begann man mit der Bebauung. Das berühmteste Gebäude an der Museumsmeile ist **St. George's Hall** 9, das zum kulturellen Zentrum der wachsenden Großstadt wurde, ein Musentempel, der leicht erhöht über der Altstadt thronte, eine Art Liverpooler Akropolis. Heute ist St. George's Hall umbaut, daher kann man nur noch erahnen, welchen Eindruck die gewaltige

Halle einst auf die Bürger gemacht haben musste.

Schon kurz nach ihrer Fertigstellung errichtete man ihr gegenüber ein Museum (World Museum ⑩) nebst Bibliothek (Central Library ⑪), dem weitere Galerie- und Bibliotheksbauten folgten. Rund um St. George's Hall finden sich heute auch eine Reihe kunsthistorisch bedeutsamer Brunnen und Denkmäler. Allen voran sei die vierzig Meter hohe **Wellington-Säule** mit einem Bronzedenkmal des populären Kriegsherrn auf der Spitze genannt, die seit 1863 an die erfolgreichen Schlachten des britischen Feldherrn erinnern soll. In Sichtweite daneben lenkt ein **Brunnen** aus dem Jahr 1879 die Blicke auf sich, ein Geschenk des damaligen Liverpooler Bürgermeisters. Das Original war für die Pariser Weltausstellung 1867 bestimmt und steht heute im amerikanischen Boston. Nach Osten schließt der **Lime Street Bahnhof** ⑬ die Kulturmeile ab.

Einer der reichsten Liverpooler Geschäftsmänner, Bryan Blundell, der sein Geld mit Tabak- und Sklavenhandel verdiente, spendierte Liverpool 1718 die erste Armenschule, die **Bluecoat Chambers** in der School Lane [K11], das heute älteste Gebäude in der Innenstadt. Mächtig Eindruck macht der Haupteingang mit seinem reich verzierten Giebel. Im Jahr 1906 wurde die Schule verlagert und das Haus in das **Bluecoat Arts Centre** ⑭ umgewandelt, das erste öffentliche Kunstzentrum Großbritanniens. Dort findet sich auch ein kleines Café, das sich hervorragend eignet, um nach dem Bummel durch Liverpools architektonisches Erbe ein wenig abzuschalten und vom Gütesiegel „Weltkulturerbe" zu träumen, das die UNESCO der Stadt wegen der wenig umsichtigen Bebauung ihres Hafengebiets im Juli 2021 wieder entzog.

⑫ Walker Art Gallery ★★★ [L9]

Eine der ältesten öffentlichen Kunstgalerien Englands **zeigt europäische Malerei und Skulptur von Weltrang.** Sechs Jahrhunderte Kunstgeschichte sind hier vereint: Gemälde, Möbel und Skulpturen vom 13. bis zum 20. Jahrhundert. Zu sehen sind vor allem frühe italienische und flämische Werke. Rubens, Rembrandt, Seurat, Cézanne, Degas, Freud, Hockney und andere gehören zu den Künstlern, deren Werke hier bestaunt werden können. Die meisten Kunstobjekte **stammen von zwei privaten Sammlern,** die sie im 19. Jahrhundert zusammengetragen haben. Zu den ältesten Stücken gehört eine mittelalterliche Emaille-Plakette, die vermutlich einmal einen Buchdeckel schmückte. Unter den Gemälden genießen ein Selbstporträt des jungen Rembrandt, Monets eisbedeckte Seine, eine Pietà des italienischen Malers Ercole de'Roberti aus dem späten 15. Jahrhundert und David Hockneys Bild eines einem Swimmingpool entsteigenden Jünglings Weltruhm.

› William Brown Street, L3 8EL, Tel. 4784199, www.liverpoolmuseums.org.uk/walker-art-gallery, Bahnstation: Lime Street Station, Busstation: Queen Square, Di.–So. 10–16 Uhr, Eintritt frei

⑬ Lime Street Station ★ [L10]

Liverpools Hauptbahnhof, den jährlich rund 20 Millionen Passagiere nutzen, gehört zu den ältesten in Großbritannien. Das Prunkstück des Gebäudes ist das riesige **Glasdach,** eine der kühnsten Architekturkonstruktionen des 19. Jh. und lange Zeit das größte Bahnhofsglasdach der Welt. Von Lime Street aus verkehren nicht nur die Bahnen zum Flughafen Manchester,

114lp Abb.: gs

sondern gewöhnlich auch tagsüber stündlich verkehrende, direkte Züge nach London oder Edinburgh. Schon 1836 gab es hier eine Endhaltestelle, ihr jetziges Gesicht aber erhielt die Station erst zwischen 1867 und 1879.

› Lime Street, L1 1JD, Ticketschalter: Mo.-Sa. 5-23.30, So. 7.15-23 Uhr, www.nationalrail.co.uk

14 The Bluecoat Arts Centre ★ [K11]

Das Kunstzentrum findet sich in einem eleganten Herrenhaus, das 1717 ein Schiffskapitän für sich und seine Familie erbauen ließ. Es gilt als das älteste noch erhaltene Innenstadtgebäude. Moderner Tanz und Malerei sind hier ebenso zu Hause wie andere Formen zeitgenössischer Kunst. Galerien, Restaurant, Bar und Café stehen Stadtbummlern fast immer offen.

› School Lane, L1 3BX, www.thebluecoat.org.uk, Tel. 7025324, Di.-So. 11-17 Uhr, Eintritt frei (gilt nicht für Sonderausstellungen)

15 Liverpool One ★★★ [J11]

Mitten in der Stadt haben britische Investoren ein 130.000 Quadratmeter großes Einkaufsparadies mit künstlichem See, rund 170 Läden und riesigen Warenhäusern geschaffen. Liverpool One, in das mehr als eine Milliarde Euro investiert wurden, ist eines der größten Einkaufszentren im Vereinigten Königreich. 3000 unterirdische Parkplätze gehören ebenso zu dem Areal wie der Busbahnhof Liverpool One.

Kleine Bars, Bistros, Cafés und Restaurants ermöglichen den Einkaufsbummlern Zwischenstopps auf dem Weg durch Glas und Beton. Die Architektur soll Lust auf Shopping machen. Eine Rechnung, die bis jetzt durchaus aufgegangen ist. Allerdings hat die auch in England hohe Inflations-

⌃ *Zur Walker Art Gallery gehört auch eine umfangreiche Skulpturensammlung*

Liverpools stählerner Löwe

George Stephenson (1781–1848) hieß der Mann, der als „Vater der Eisenbahn" gilt. Geboren als Sohn armer Eltern, arbeitete er schon als 14-Jähriger in einer Kohlengrube, wo er eine der vielen Dampfmaschinen bediente, die ihn für seine weitere Arbeit inspirierten. Später baute er selbst Lokomotiven, die ab 1825 auf der Strecke zwischen dem Städtchen Shildon in der Grafschaft Durham und Stockton-on-Tees, das für sich reklamiert, den ältesten Bahnhof der Welt zu besitzen, unterwegs waren.

Zum eigentlichen Eisenbahnpionier wurde Stephenson 1829 mit dem Bau der ersten großen Schienenstrecke zwischen Manchester und Liverpool, auf der erstmals Züge nach festem Fahrplan auf einer zweigleisigen Strecke verkehrten – auf einer Route, die noch heute existiert, wegen einer parallel verlaufenden Strecke aber weniger Bedeutung hat.

Die neue Eisenbahnlinie war als Zubringer von der Industriemetropole Manchester in die Hafenstadt Liverpool gedacht, die bis dahin nur durch einfache Straßen und einen ebenfalls noch heute bestehenden Schiffskanal verbunden waren. Dessen Kapazität war aber Anfang des 19. Jahrhunderts weitgehend ausgeschöpft, sodass Unternehmer aus Liverpool und Manchester 1823 die Liverpool and Manchester Railway Company gründeten. Zur Finanzierung der neuen Eisenbahnstrecke gaben sie mehr als 4000 Aktien zu je 100 Pfund aus, die gut 300 Aktionäre in allen Teilen Englands zeichneten.

Für die Realisierung des Projekts zeichnete zunächst George Stephenson verantwortlich, der die zuständigen Politiker aber nicht von der Notwendigkeit einer Eisenbahnstrecke zwischen den beiden Städten überzeugen konnte, weshalb man ihn durch eine ganze Ingenieursmannschaft ersetzte. Diese plante die Strecke neu und umging die Grundstücke derer, die sich in den politischen Abstimmungsprozessen immer wieder Stephensons Plänen widersetzt hatten. Nach Erteilung der notwendigen Genehmigungen war Stephenson wieder mit von der Partie und plante die 56 km lange Strecke vom Liverpooler Hafen bis nach Manchester – mit 63 Brücken, kilometerlangen Tunnelanlagen und Viadukten.

Bei der Auswahl der Loks für die Strecke setzte man auf einen Wettbewerb: Das legendäre Rennen von Rainhill, aus dem Stephensons „Rocket", die er zusammen mit seinem einzigen Sohn Ro-

110lp Abb.: gs

Prunkstück im Museum of Liverpool 3: die „Lion" war ab 1837 zwischen Liverpool und Manchester unterwegs

bert (1803–1859) konstruiert hatte, als Sieger hervorgehen sollte. Im September 1830 ging die „Rocket" auf ihre erste Fahrt. Gleich zum Auftakt gab es allerdings im Bahnhof Parkside einen tödlichen Unfall, als der Liverpooler Abgeordnete im britischen Parlament unter die Räder der Lokomotive geriet.

Den Siegeszug der Eisenbahn konnte der Unfall aber nicht verhindern. Schon ein paar Wochen später verkehrten neben den werktags nach Fahrplan fahrenden sechs Zugpaaren auch erste Ausflugs- und Postzüge. Im Dezember nahm man schließlich den Güterverkehr auf, der die Schiffahrtsgesellschaften zu drastischen Preissenkungen beim Kanaltransport zwang.

1836 war der Schienenverkehr so angewachsen, dass der erste Bahnhof, Liverpool Crown Street, durch die heutige Lime Street Station 13 ersetzt wurde. Voraussetzung dafür war der Bau des mehr als zwei Kilometer langen Wapping-Tunnels, der unter Liverpools Innenstadt ins Zentrum führte.

Ein Jahr später gab man zur Ausweitung des Güterverkehrs den Bau zweier weiterer Lokomotiven in Auftrag. Eine war die „Lion", die heute im Museum of Liverpool 3 zu sehen ist. Der stählerne Löwe konnte Lasten bis zu 203 Tonnen ziehen und Geschwindigkeiten von bis zu 64 km/h erreichen. 1859 wurde er für 400 £ an die Liverpooler Hafenverwaltung verkauft und am Prince's Dock stationär als Pumpmaschine eingesetzt, ehe er Ende der 1920er-Jahre wieder als Lok flottgemacht wurde. Nach mehreren Einsätzen als begehrtes Film- und Ausstellungsstück landete er schließlich im Museum of Liverpool 3 – als zweitälteste noch existierende Original-Dampflok der Welt.

rate den Shopping-Motor inzwischen abgewürgt. Zwar sind von Apple bis Zara fast alle großen Markenartikler in dem Einkaufspalast vertreten, doch machen sich immer mehr Gastronomiebetriebe und Erlebniszentren im Viertel breit. So gehört inzwischen Liverpools größte Dachterrassenbar ebenso zu Liverpool One wie das Spiel- und Erlebniszentrum Gravity Max, das von früh morgens bis spät in die Nacht für Entertainment sorgt.

› 5 Wall Street, www.liverpool-one.com, Mo.-Sa. 10-20, So. 11-17 Uhr, Bahnstation: James Street

16 Liverpool Cathedral ★★★ [M12]

Rund 70 Jahre wurde an der riesigen anglikanischen Kathedrale gebaut, die unübersehbar und einsam auf einem Hügel am Rand der Innenstadt thront. Noch heute ist sie ein Haus des Gebets mit täglichen Gottesdiensten – von der Eucharistiefeier bis zum Abendlob.

Liverpools Anglikaner wurden lange Zeit vom benachbarten Chester aus regiert. Mit einem eigenen Bischof aber wuchs Ende des 19. Jahrhunderts auch der Wunsch nach einer eigenen Kathedrale, für deren Bau man schließlich den 22-jährigen Architekten Giles Gilbert Scott gewinnen konnte – einen Katholiken, der sich bei seinem preisgekrönten Entwurf von den großen Kathedralen Spaniens inspirieren ließ. Weltbekannt aber wurde er erst später, als er auf Bitten des Königs erstmals eines jener roten Telefonhäuschen entwarf, die zu einem der Markenzeichen Englands wurden. Übrigens: Mitten in der Kathedrale steht noch heute ein Exemplar dieser weltbekannten Telefonzellen.

160lp Abb.: gs

Den ersten Gottesdienst feierte man 1910 in der zu dem Zeitpunkt schon fertiggestellten Marienkapelle. Schon deren Dimensionen ließen erahnen, wie groß die Kirche einmal werden sollte. Liverpools Geschäftswelt spendete 58 Glasfenster, eines schöner als das andere. Besonders prächtig geriet der **Hochaltar,** dessen Darstellung des Abendmahls bis heute Rätsel aufgibt. Dort nämlich fehlt Judas, über dessen Stuhl nur ein paar Kleider hängen.

1924 war der Hauptaltar fertig, 1941 schließlich der **mächtige, gut 100 m hohe Turm,** von dem Besucher heute einen der schönsten Blicke über die Stadt und den Mersey haben – bei gutem Wetter bis zu 80 km weit. Zwei Lifte und 108 Stufen führen nach oben, vorbei an den über 30 Tonnen schweren Kirchenglocken, die in 67 Metern Höhe hängen.

KURZ & KNAPP

Liverpool Cathedral in Zahlen

- Der Kirchturm ist so hoch wie zwanzig übereinandergestellte Giraffen.
- Die Kirchenglocken wiegen so viel wie sechs ausgewachsene afrikanische Elefanten.
- Die Länge des Kirchenschiffes entspricht zwei Fußballfeldern.
- Auf der gesamten Kirchenfläche könnten fünfzehnhundert Mini-Cooper geparkt werden.
- Die volle Lautstärke der Orgel beträgt 120 dB, was einem startenden Flugzeug entspricht.
- In Fenstern, Altären, Gemälden und Mauerwerk sind über 250 verschiedene Tiere versteckt.

Riesiges Glück hatte man im Krieg, traf doch nur eine einzige Bombe das Gotteshaus, die neben der Marienkapelle explodierte und so keinen allzu großen Schaden anrichtete. Aber erst 1978 war das ganze Gotteshaus fertig, sodass die damalige Königin Elisabeth II. die größte anglikanische Kathedrale der Welt endgültig einweihen konnte. Kenner behaupten, der eigentliche Schlussstein sei aber nie gesetzt worden. Einer Liverpooler Legende zufolge werde nämlich eine große Katastrophe über die Stadt hereinbrechen, wenn die Kathedrale vollendet sei.

- St. James Mount, L1 7AZ, www.liverpoolcathedral.org.uk, Tel. 7096271, tgl. 10–18 Uhr, Eucharistiefeier: Mo.–Sa. 12.05, So. 10.30 Uhr, Bahnstation: Central Station, Bus: Nr. 82 vom Busbahnhof Liverpool One, Eintritt frei, allerdings wird eine Spende erwartet. Besuchern steht neben einem Bistro (s. S. 41) ein großer Shop mit Souvenirs, Büchern und Postkarten zur Verfügung.
- **Turmbesteigung:** Mo.–Sa. 10–17, So. 12–16 Uhr, 7 £, Familienticket 20 £

MEIN TIPP

Speisen in der Kirche

Regionale Frischeküche mit Zutaten lokaler Anbieter bietet das Welsford Bistro mitten in der Kathedrale – hier wird auch *Scouse* (s. S. 97) serviert, das Liverpooler Nationalgericht. Für Veganer gibt es Falafel oder Salate, für den Rest Burger oder Fish and Chips.

› **Welsford Bistro**, in der Liverpool Cathedral 16, www.liverpoolcathedral.org.uk/visiting-us/the-welsford-bistro, Öffnungszeiten variieren (siehe Website)

17 Rodney Street ★ [M12]

Die Parallelstraße zur Hope Street ist eine der wenigen Straßen Liverpools, die noch **weitgehend ihr altes Bild bewahrt** haben. Die am Ende des 18. Jahrhunderts angelegte Straße prägen typische Bauten aus dem späten 18. und frühen 19. Jahrhundert: Klassische, meist dreistöckige Reihenhäuser, die fast ausnahmslos unter Denkmalschutz stehen.

In der 59 Rodney Street hatte **Liverpools berühmtester Fotograf Edward Chambré Hardman** einst sein Studio, das heute als Museum dient. Die schönsten seiner fast 150.000 der Nachwelt hinterlassenen Bilder sind in seinem ehemaligen Atelier und Wohnhaus zu sehen, wo Hardman von 1948 bis 1988 zusammen mit seiner Frau lebte und arbeitete. Die Einrichtung wird vom National Trust verwaltet. Das Haus ist allerdings nur im Rahmen geführter Touren zugänglich.

8 [M12] **The Hardman's House**, 59 Rodney Street, L1 9ER, Besuchereingang in der Pilgrim Street, Tel. 7096261, www.nationaltrust.org.uk, Fr., Sa. 11–17 Uhr (im Winter geschlossen), 8,50 £ (Kinder 4,25 £, Familien 21,25 £), wegen der Enge der Räume wird um Voranmeldung gebeten, Station: Liverpool Central

18 Hope Street ★★ [M11]

Beide Kathedralen verbindet die Hope Street, die **Pulsader eines der lebendigsten Viertel der Stadt.** Boutiquehotels und Edelrestaurants finden sich entlang der Lifestyle-Meile ebenso wie Studentenkneipen, einfache Pubs und schicke Bars. Tagsüber ist es das Revier vieler Liverpooler Studenten, abends kommen Theater- und Konzertgäste und Clubs locken mit Livebands.

Die Hope Street ist eine der **Flaniermeilen Liverpools,** breit und mit einigen Kunstwerken versehen. Beachtenswert ist die Skulptur an der Ecke zur Mount Street, wo der Bildhauer John King 1998 ein paar Koffer

043lp Abb.: gs

◁ *Der Turm der Liverpool Cathedral 16 kann bestiegen werden*

▷ *Kofferkunst in der Hope Street*

und andere Reiseutensilien aus Stein aufschichtete – eine Reminiszenz an die Studenten und Lehrkräfte am benachbarten Kunstinstitut, zu denen u. a. John Lennon, Stuart Sutcliff und Charles Dickens gehörten.

Prunkstück der Hope Street aber ist die Philharmonic Hall ⑲, Liverpools elegantestes Art-déco-Gebäude und Heimat des Royal Liverpool Philharmonic Orchestra. Schräg gegenüber befindet sich der bekannte **Pub der Philharmonie,** die Philharmonic Dining Rooms (s. S. 71) – ein Stück viktorianische Kneipenkultur. Zudem befindet sich im Pub **die vielleicht schönste Herrentoilette Europas.** Ansichtssache sicher, aber allein die Tatsache, dass selbst Frauen hin und wieder ein Blick auf die Marmor-Urinale und -Waschbecken erlaubt ist, zeigt, dass es sich hier um keine gewöhnliche Toilette handelt.

Gegenüber der katholischen Kathedrale findet sich am einen Ende der Hope Street das **Everyman Theatre** (s. S. 76). Nicht weit weg liegt der Campus der Universität, das Herz des studentischen Lebens.

⑲ Philharmonic Hall ★ [M12]

Die Liverpooler Philharmoniker gehören zu den wenigen Orchestern der Welt, die über eine eigene Spielstätte verfügen, die Royal Philharmonic Hall. Zwar ist die 1849 erstmals errichtete Halle, die nach einem Brand 1939 **im Art-déco-Stil wiedererrichtet** wurde, Eigentum der Stadt, die Musiker aber haben sie für Jahre fest gemietet.

Rund 250 Veranstaltungen stehen jährlich auf dem Programm der Philharmonic Hall, Konzertabende oder Lichtspielvorführungen, die jährlich gut 250.000 Zuschauer erleben. Spezialität der Hall ist eine Leinwand für klassische Filme, die oftmals von einem Film-Organisten live begleitet werden. Die Halle verfügt über eine der wenigen, eigens für den Filmbetrieb gebauten Orgeln.

Die Liverpooler Philharmoniker sind das erste klassische Orchester, das ein **Konzert im Cyberspace** gab. Am 14. September 2007 zeigten sich die Musiker auf der Internet-Plattform „Second Life", gaben so klangvoll ihren Einstand im World Wide Web. Die Ursprünge des Orchesters reichen in die 1840er-Jahre zurück, als es im Rahmen einer Wohlfahrtsorganisation aus der Taufe gehoben wurde. „Königlich" aber wurde man erst 1957.

Heute gehören die Liverpooler Philharmoniker zu den meistbeschäftigten Orchestern der Insel. **Mehr als 100 Konzerte** jährlich stehen auf ihrem Spielplan, die meisten in Liverpool. Zum Repertoire gehören alle Symphonien Beethovens, Klassiker von Strauss, Smetana, Mahler, Dvořák, Britten und Rachmaninov. Man hat sich aber auch moderner Musik verschrieben. Häufig gibt es Welturaufführungen zeitgenössischer Komponisten. Ein Besuch der Philharmonic Hall lohnt sich übrigens immer, auch bei Gastspielen anderer Künstler.

› Hope Street, L 1 9BP, Tel. 7093789, www.liverpoolphil.com, Ticketschalter: Mo.–Sa. 12–17 Uhr, Bahnstation: Lime Street

⑳ Metropolitan Cathedral of Christ the King ★ [M11]

Am nördlichen Ende der Hope Street befindet sich die katholische Kathedrale, die größte katholische Kirche Englands, die eigentlich noch größer hätte ausfallen sollen. Als den Bauherren jedoch das Geld ausging, wurde man bescheidener und architektonisch wagemutiger. So entstand ein **sehenswerter Glas- und Betontempel:** ein kreisrunder Zweckbau, umgeben von einem Kranz kleiner Kapellen. 2300 Sitze scharen sich um den Altartisch in der Mitte, über den sich eine farbige Glaskuppel wölbt.

Inspiriert von Englands größter anglikanischer Kirche, der Liverpool Cathedral (16), suchten auch die Katholiken der 1850 gegründeten Diözese Liverpool nach einem repräsentativen Gotteshaus. Noch mächtiger als ihr anglikanisches Gegenstück sollte sie werden, mindestens so groß wie der Petersdom in Rom, ein **unübersehbares Bollwerk katholischen Glaubens.** Nach ausführlichem Kassensturz plante man freilich in den nächsten Jahrzehnten realistisch weiter und ließ sich vom Geist der Liturgiereform, die mehr Wert auf innere als auf äußere Werte legte, neu beseelen.

Nach nur fünfjähriger Bauzeit wurde das neue Gotteshaus 1967, elf Jahre vor Vollendung der anglikanischen Kathedrale, eingeweiht. Besuchern zugänglich ist auch die gründlich renovierte **Krypta,** wo man sich einen Eindruck von der Größe verschaffen kann, die einmal für den Bau des Gotteshauses geplant war. Dort erzählt eine Ausstellung die Geschichte des Gotteshauses. In der Schatzkammer erwarten Besucher liturgische Utensilien wie Kruzifixe, Krummstäbe, Messgewänder und Monstranzen, die zum Teil noch aus dem Mittelalter stammen.

› Mount Pleasant, L3 5TQ, Tel. 7099222, www.liverpoolmetrocathedral.org.uk, tgl. 7.30–18 Uhr (im Winter sonntags bis 17 Uhr), Eintritt frei, allerdings erwarten die Führer auf ihren Touren durch das Gotteshaus eine Spende von mindestens 5 £, Krypta: Mo.–Sa. 10–15.30 Uhr, Eintritt: 5 £, Gottesdienste: Mo.–Fr. 8, Sa., So. 9 Uhr in der Kathedrale, Bahnstation: Lime Street

Architektonisch auffällig: die Metropolitan Cathedral of Christ the King

124lp Abb.: ©artincamera, stock.adobe.com

Das Liverpool der Beatles

Mehr als 800.000 Besucher kommen jährlich wegen der Beatles nach Liverpool. Mehr als 100 Millionen Pfund lassen sie in der Stadt – Tendenz steigend, weil inzwischen auch immer mehr Freunde der Fab Four aus Asien und Südamerika kommen. Und damit die Fans auch ein Andenken mit nach Hause nehmen können, gibt es zahlreiche **Souvenirläden** mit Devotionalien. Im Angebot sind T-Shirts mit vielen Dutzend Motiven in allen Größen und Farben, Kissen und Schals, ja sogar Bettwäsche mit den Porträts der Musiker. Schlüsselanhänger, Uhren und Kugelschreiber zieren ihre Gesichter ebenso wie Hausschuhe, Handtücher oder Taschen aller Größen. Dazu kommen Tassen und Becher, von denen die Vier dem Trinkenden zulächeln. Und natürlich gibt es Poster und Bücher sowie CDs und Platten mit der Musik der bekanntesten Söhne Liverpools.

Ganz gleich, ob sich die Verkaufsstätten „Beatles-Shop“ oder „Beatles Information Centre“ nennen, sie alle wollen teilhaben am **Beatles-Boom**, der mehr als ein halbes Jahrhundert nach der Trennung der Gruppe noch immer nicht verebbt ist. So hat nach zehnjähriger Planung ein weiteres Beatles-Museum in der Mathew Street eröffnet, das die Geschichte der Fab Four audiovisuell erzählt: das **Liverpool Beatles Museum** (s. S. 60). Ausgestattet wurde es vor allem von einem ehemaligen Tourmanager der Beatles, dem Bruder von Ex-Beatle Pete Best. Zu den Ausstellungsstücken gehören etwa ein paar Trommelstöcke Ringo Starrs, zahlreiche Briefe und Originalschreiben aus den Gründungszeiten der Beatgruppe sowie zahllose Fotografien und Zeitungsausschnitte aus den 1960er-Jahren.

Die meisten Liverpoolbesucher wollen nämlich sehen, wo die Wurzeln des Mythos um die Beatles liegen, wo sie groß wurden und schließlich zusammenfanden. Quer über die Stadt und ihre Vororte sind die „Gedenkstätten“ verteilt: Häuser, Straßen und Gebäude, die an die Beatles, ihre ersten großen Auftritte und an viele ihrer Songs erinnern. Die bekanntesten Schauplätze werden im Rahmen der **Magical Mystery Tour** täglich angefahren. Ausstiege aus dem Bus sind an den Elternhäusern von George Harrison und Paul McCartney 22 sowie an der Penny Lane und Strawberry Field

MEINE TIPPS

Mit dem Taxi zu den Beatles

Wer will, kann sich auch mit dem Taxi zu den Beatles-Gedenkstätten chauffieren lassen. **Fab Four Taxi Tours** heißen die Touren zwischen 2 und 5 Stunden Dauer, zu denen man – ganz komfortabel – sogar im Hotel abgeholt wird.

› www.fab4taxitours.com, ab 95 £ pro Taxi, das bis zu fünf Gäste mitnimmt

Beatles-Tour mit dem E-Bike

Zweimal täglich, jeweils um 9.30 und 14 Uhr, startet eine dreieinhalbstündige E-Bike-Tour auf den Spuren der Fab Four. Sie führt zum Strawberry Field, den Schulen, welche die Beatles besuchten, zu Eleanor Rigbys Grab und anderen Erinnerungsorten. Die Runde misst gut 26 km, die durch den elektrischen Antrieb allerdings nicht zur Tortur werden. Preis: 45 £, Anmeldung erforderlich. Von Mai bis August ist auch eine kürzere Tour im Angebot, die nur zwei Stunden dauert.

› https://liverpoolcycletours.com/tours/the-beatles-tour

vorgesehen. Die Bustour endet im Cavern Club (s. S. 74). Der **National Trust** fährt zudem mehrmals die Woche zu den **Elternhäusern von John Lennon** 21 und **Paul McCartney** 22.

- **Magical Mystery Tour:** 2-stündige Busrundfahrten ab Albert Dock (Anchor Courtyard), Sommer: tgl. 10–16, Winter: Mo.–Do. 11–14, Fr.–So. 10–14 Uhr, Preis: 19,95 £. Es empfiehlt sich, Tickets unter Tel. 0044 (0)151 7039100 (tgl. 10–16 Uhr) vorzubestellen oder online zu buchen (www.cavernclub.org/the-magical-mystery-tour).
- **Die Minibustouren des National Trust** zu den Elternhäusern von John und Paul starten gewöhnlich viermal tgl. (nicht im Winter) von Speke Hall oder vom Busparkplatz Liverpool South Parkway aus. Wegen der großen Nachfrage ist eine Onlinebuchung anzuraten, ab 32 £, Kinder ab 16 £, Tel. 0344 2491895, www.nationaltrust-tickets.org.uk.

Pilgerstätten für Beatles-Fans

- **Empire Theatre** (s. S. 76), Lime Street, Liverpool City. Liverpools einst größte Bühne gehörte zu den ersten Beatles-Spielstätten. Hier waren die „Quarry Men" ebenso zu Gast wie die „Moondogs." 1965 gaben die Beatles hier ihr letztes Konzert in Liverpool.

★9 [f16] **George Harrisons Elternhaus 1,** 25 Uptown Green, Speke, Liverpool 24. 1949 bezogen die Harrisons das Haus im Stadtteil Speke. Es blieb bis 1962 Familiensitz, ehe die Eltern erneut umzogen. Hier probten die Beatles gern und gaben sogar manchmal Konzerte wie zur Hochzeit von Georges Bruder Harry. Seitdem wechselte das Reihenhäuschen mehrmals seinen Besitzer und steht heute als Airbnb nicht nur Beatles-Fans zur Übernachtung zur Verfügung.

★10 **George Harrisons Elternhaus 2,** 174 Mackets Lane, Hunts Cross, Liverpool 25. Hier lebten die Harrisons ab 1962. An manchen Tagen wurde die Fan-Post gleich säckeweise angeliefert. 1965 aber wurde Harrisons Vater der Rummel um seinen Sohn zu viel. Er schmiss seinen Job als Busfahrer und zog in ein Haus nach Warrington.

★11 [W12] **George Harrisons Geburtshaus,** 12 Arnold Grove, Wavertree, Liverpool 15. Hier kam 1943 der jüngste der Beatles zur Welt. Für das Reihenhäuschen zahlte sein Vater, ein Busfahrer und ehemaliger Schiffsstewart, anfangs ganze 24 £ Miete im Jahr. 1950 zogen die Harrisons in ihr neues Domizil im Stadtteil Speke.

★12 [I24] **Hulme Hall,** 23 Boilton Road, Port Sunlight Village, Wirral. In der kleinen Halle des Dörfchens spielten die Beatles am 18. August 1962 erstmals in der Originalbesetzung. Es war Ringos erster Auftritt mit der Gruppe. Seit 1965 steht die Halle unter Denkmalschutz.

★13 [W14] **John Lennons Geburtshaus,** 9 Newcastle Road, Wavertree, Liverpool 18. Hier lebte Lennon von 1940 bis zu seinem fünften Lebensjahr. 2013 ersteigerte ein Amerikaner das Haus für 480.000 £.

★14 **Litherland Town Hall,** Hatton Hill Road, Litherland. Die ehemalige Stadthalle gilt als Geburtsstätte der „Beatlemania". Unmittelbar nach ihrem ersten Hamburger Gastspiel Anfang der 1960er-Jahre begeisterten die Beatles hier erstmals die Massen.

★15 [M12] **Liverpool Institute for Performing Art,** Mount Street, Liverpool City. Paul und George gingen hier bis 1960 zur Schule. Aus der einstigen Eliteschule ist inzwischen Liverpools führende Kunstschule geworden, an der Paul inzwischen auch die eine oder andere Stunde als „Lehrer" verbracht hat.

★16 **Paul McCartneys Elternhaus,** 72 Western Avenue, Speke. Hierher zog Paul im Alter von 4 Jahren mit seinen Eltern. Das Haus wurde zuletzt 2015 für umgerechnet gut 200.000 Euro verkauft.

094lp Abb.: gs

Strawberry Fields: Wo John Lennon groß wurde

Lange Jahre war sie verschlossen: die Tür zum weltberühmten Strawberry Field mit den roten Eisengittern. Inzwischen steht das Gelände der Heilsarmee wieder Besuchern offen. Die Beatles-Fans erwartet dort ein interaktives Museum samt Café und Shop. Es erzählt die Geschichte des Geländes, auf dem John Lennon als Kind gern spielte, und wie Lennon dazu kam, seine Erfahrungen dort 1966 in einem Song zu verarbeiten. „Strawberry Fields Forever" wurde zu einem der meistgespielten Hits der Fab Four. Im Museum steht auch das Piano, auf dem John Lennon seinen Welthit „Imagine" komponierte.

★19 [b17] **Strawberry Field,** Beaconsfield Road, L256EJ, Tel. 2526130, www.strawberryfieldliverpool.com, Di.–So. 10–17 Uhr, Gelände: Eintritt frei, Ausstellung/Tour: 10,95 £

Fans vor dem roten Eingangstor

★17 [P4] **Paul McCartneys Geburtshaus,** Sunbury Road, Anfield, Liverpool 4. Nach ihrer Heirat 1941 hatten Pauls Eltern das Haus bezogen, in dem der junge McCartney aufwuchs, bevor die Familie in die Western Avenue umzog (s. S. 45).

★18 [W15] **Penny Lane,** Liverpool 18. Liverpools weltbekannte Straße („Penny Lane is in my ears and in my eyes") ist eigentlich ein Platz, „The Penny Lane Roundabout". Hier treffen sich verschiedene Straßen, deren kleinste die Penny Lane ist. In der gegenüberliegenden Halle der St.-Barnabas-Kirche, in der Paul McCartney im Kirchenchor sang, spielten die „Quarry Men" in den späten 1950er-Jahren hin und wieder zum Tanz auf. Mit dem Lied „Penny Lane" wollte Paul, der dort um die Ecke aufgewachsen war, an seine Kindheit erinnern.

★20 [W4] **Pete Bests Haus und Casbah Coffee Club,** 8 Hayman's Green, West Derby, Liverpool 12, www.petebest.com. Zur Eröffnung des Clubs im Keller des Hauses 1959 gaben die „Quarry Men" ein Konzert, 44 weitere Auftritte folgten. Es war das Elternhaus von Pete Best, der bei den ersten Hamburger Beatles-Konzerten am Schlagzeug saß. Das inzwischen wie viele Beatles-Stätten unter Denkmalschutz stehende Haus kann nach Anmeldung im Rahmen geführter Touren besichtigt werden.

19 [M12] **Philharmonic Hall,** Hope Street, Liverpool City. Einmal jährlich sollen die Schüler John, George, Paul und Ringo hier ein Konzert des Royal Philharmonic Orchesters besucht haben. Später wurde der Klangkörper hin und wieder von George Martin dirigiert, dem Musikproduzenten, der oft als der „fünfte Beatle" bezeichnet wurde. 1999 hatte die digitalisierte und neu abgemischte Fassung des Films „Yellow Submarine" in der Philharmonic Hall ihre England-Premiere.

★21 [O15] **Ringo Starrs Haus,** 10 Admiral Grove, Liverpool 8. Das schmale, weiß getünchte Backstein-Reihenhaus im Dingle-Viertel, bekannt als „Ringo-Land", war das Elternhaus des Beatles-Schlagzeugers. Hier lebten er und seine Mutter nach der Trennung der Eltern.

9 [K10] **St. George's Hall,** Lime Street, Liverpool City. Schauplatz eines Balls, den die Beatles 1960 mitgestaltet hatten und der im totalen Chaos endete. 1980 versammelten sich Zehntausende auf dem Platz vor der Halle, um des ermordeten John Lennon zu gedenken.

★22 [e18] **St. Peter's Church,** Church Road, Woolton, Liverpool 25. Im Garten hinter der Kirche traf am 06.07.1957 Paul McCartney erstmals auf John Lennon, der dort mit seinen „Quarry Men" gastierte. Paul spielte John ein paar Lieder vor, was den Beginn einer in der Musikgeschichte beispiellosen Zusammenarbeit markierte.

Erlebenswertes außerhalb des Zentrums

Elternhäuser von Lennon und McCartney

Die beiden touristisch interessantesten Beatles-Gedenkstätten, die für ihre musikalische Karriere wichtigen Elternhäuser von John Lennon und Paul McCartney, gehören inzwischen dem National Trust und können **nur im Rahmen organisierter Touren** besichtigt werden (s. S. 44). Fotografieren in den Häusern ist verboten!

21 John Lennons Haus ★ [b17]

Als Fünfjähriger zog John zu Onkel und Tante. Viele Stunden übte der Schüler in der Menlove Avenue auf seiner Gitarre, was Tante Mimi zu dem berühmten Ausspruch gebracht haben soll: „Das mit dem Gitarrenspielen ist ja alles in Ordnung, aber davon wirst du niemals leben können". In dem Haus, in dem Lennon mit drei Katzen und einem Hund aufwuchs, soll er frühe Songs wie „Please Please Me" oder „I Call Your Name" geschrieben haben.

2002 kaufte Yoko Ono das Haus und schenkte es dem National Trust. Die Museumsspezialisten richteten es inzwischen wieder so her wie damals, als der 23-jährige John seiner Heimatstadt den Rücken kehrte und nach London übersiedelte.

› Mendips' 251 Menlove Avenue, Woolton, Liverpool 25

22 Paul McCartneys Haus ★ [Z19]

1955 zogen die McCartneys in den Liverpooler Vorort Allerton. Schon ein Jahr später starb die Mutter und so

0451p Abb.: gs

lastete die Erziehung der Kinder ganz auf der Tante und dem Vater.

Immer wieder soll sich Paul zum Musizieren ins Bad zurückgezogen haben, das er wegen seiner besonderen Akustik schätzte. Später gehörte John Lennon zu den Stammgästen im Hause McCartney. In gemeinsamer Arbeit entstanden immer neue Songs wie z. B. „I saw her standing there". Bis zu 100 Beatles-Songs, schätzen Experten, könnten hier entstanden sein.

Nach der triumphalen Amerika-Tournee 1964 kaufte Paul seinem Vater ein neues Haus auf der anderen Seite des Mersey. 1996 erwarb der National Trust das alte Haus, der es wieder ungefähr so herrichten ließ, wie es Paul einst verlassen hatte. Fotos von Pauls Bruder Mike geben im kleinen Museum Einblick in das Leben der Familie McCartney in der Forthlin Road. Auch Mike war Musiker. Er probte mit seiner Band „The Scaffold" gern in der Forthlin Road und landete mit „Lily The Pink" 1968 ebenfalls einen Nummer-Eins-Hit in England.

› 20 Forthlin Road, Allerton, Liverpool 18

23 Lark Lane ★ [Q16]

Im Süden Liverpools, allenfalls ein paar Taxi- oder Busminuten (Linie 82) von der Innenstadt entfernt, liegt der Stadtteil Aigburth mit der Lark Lane. Nur ein paar Hundert Meter ist das Sträßchen lang, für die Liverpudlians ist es jedoch **eine populäre Ausgeh-Adresse.**

War die Lark Lane früher eher eine alternative Adresse, in der sich Trödler und Antiquitätenshops neben Autowerkstätten und kleinen Läden fanden, ist sie heute auch Anlaufziel von Managern und Angestellten. Einmal monatlich, gewöhnlich am letzten Sonntag, findet hier aber noch immer ein **Flohmarkt** statt (10–16 Uhr). Am letzten Samstag im Monat lockt ein Bauernmarkt.

› www.larklaneguide.com

Lark Lane: Liverpools Ausgehviertel im Stadtteil Aigburth

24 Anfield Road ★★★ [04]

Anfield Road ist der älteste und renommierteste Fußballplatz der Stadt, die Spielstätte des legendären Liverpool FC. Seit 1994 verfügt das Stadion allerdings nur noch über Sitzplätze, wodurch ein Teil der Atmosphäre verloren gegangen ist.

„Einige Leute halten Fußball für einen Kampf um Leben und Tod. Ich mag diese Einstellung nicht. Ich versichere Ihnen, dass es viel ernster ist!" Dieser Satz stammt von **Bill Shankly, dem legendären Trainer des Liverpool FC.** Bill Shankly formte den Verein erstmals zu einem Spitzenclub. Für ihn war der Teamgeist wichtig und er war überzeugt, dass eine Mannschaft nur als Kollektiv erfolgreich sein kann. Dies auch ist die Philosophie des jetzigen Trainers Jürgen Klopp, der Liverpools Ruhm und die weltweite Bekanntheit des Vereins in den letzten Jahren entscheidend gemehrt hat.

Liverpool wurde mehrfach englischer Fußballmeister. 1973 gelang mit dem Gewinn des Europapokals gegen Borussia Mönchengladbach der erste internationale Titel. Wenig später gewann man den Cup der Landesmeister, dem weitere internationale Erfolge folgten. 1985 rückte alles Fußballerische in den Hintergrund, als sich Liverpool-Fans im **Brüsseler Heysel-Stadion** anlässlich des Pokalendspiels der Landesmeister eine Schlacht mit den Anhängern von Juventus Turin lieferten. In der folgenden **Massenpanik** starben 39 Menschen. Vier Jahre später ereilte den Verein eine **weitere Katastrophe.** Bei einem **Pokalspiel in Sheffield** wurden 96 Liverpool-Fans in einem völlig überfüllten Stadion zu Tode gedrückt, Menschen zwischen 10 und 62 Jahren, an die heute eine meist mit frischen Blumen geschmückte Gedenktafel mahnt.

An die sportlichen Erfolge erinnert ein **Museum**, das man auch unabhängig von der Stadiontour besichtigen kann. Eine eigene Abteilung erinnert an „The Epic Story of Jürgen Klopp's Dream Team", an den Gewinn der Champions League 2019 und den englischen Meistertitel 2020, den ersten nach über 30 Jahren vergeblicher Anläufe.

Stadionführungen finden gewöhnlich täglich zwischen 10 und 15 Uhr statt (im Sommer gelegentlich auch länger), besonders häufig an Wo-

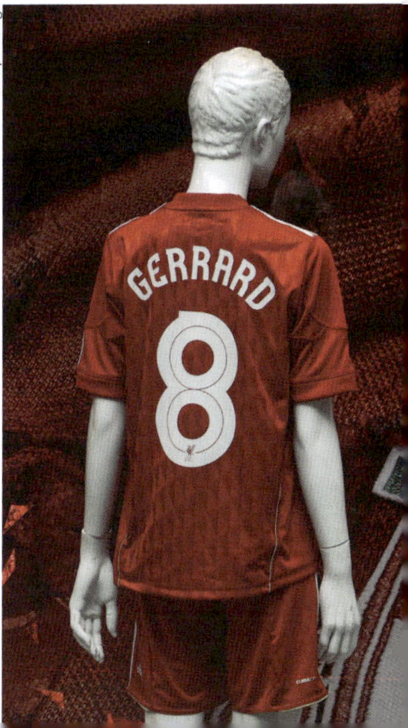

173lp Abb.: gs

⊡ *Die Fanartikelläden, die Trikots und andere Devotionalien des Liverpool FC verkaufen, sind ein Millionengeschäft*

„Blues“ und „Reds“ – Liverpools Traditionsclubs

Liverpools Herz schlägt vor allem auf seinen Fußballplätzen. An der Anfield Road 24, wo der Liverpool FC zu Hause ist, und im Goodison Park 25, dem Stadion des Everton FC. Die beiden Clubs sind das sportliche Aushängeschild der Stadt. Die Vereine haben Zehntausende von Fans – und Hunderttausende von Sympathisanten in aller Welt. Die „Merseyside-Derbys“, die Partien zwischen den „Roten“ und „Blauen“, gehören zu den emotionalsten Fußballspielen auf der Insel und zum jährlichen Höhepunkt der Fußballsaison.

Mehr als 250 Mal trafen die beiden Traditionsclubs bislang schon aufeinander: in meist packenden Derbys, von denen die Reds ein paar Spiele mehr gewannen. Sportlich überlegen war Everton nur Ende des 19. und Anfang des 20. Jahrhunderts.

Fußball hat in Liverpool eine lange Tradition. 1884 baute man an der Anfield Road das erste Stadion, damals war es noch Heimstatt des Everton FC. Im Streit um Pachtgebühren entschloss sich der Verein 1892, in den benachbarten Goodison Park umzuziehen. Um das verwaiste Anfield-Stadion weiter zu nutzen, gründete man den Liverpool FC, der seither an der Anfield Road zu Hause ist.

Everton ist der älteste Fußballverein der Stadt. Traditionell spielt er in blauen Trikots, weshalb die Mannschaft auch „The Blues“ genannt wird. 1878 wurde der Club von einer Kirchengemeinde gegründet. Dies ist der Grund dafür, dass er unter Katholiken noch heute besonders viele Anhänger hat.

In roten Trikots spielen „The Reds“, die Kicker des Liverpool FC. Deutsche Nationalspieler wie Dieter Hamann, Christian Ziege, Emre Can oder Karlheinz Riedle fühlten sich in Liverpool ebenso wohl wie die englischen Fußballidole Michael Owen, Ian Rush oder Steven Gerrard.

Inzwischen sind Kicker aus aller Welt am Mersey zuhause. Dass das so ist, liegt an Jürgen Klopp. Mit ihm ist Liverpool wieder zu einer Top-Adresse im Fußball geworden, was man in London und Manchester zähneknirschend zur Kenntnis nehmen musste – auch wenn das Team in der letzten Saison auffallend oft schwächelte. Noch immer aber, wenn die Reds an der Anfield Road auflaufen, ist das Stadion in der Regel ausverkauft.

Mit atemberaubendem Angriffsspiel hat Klopp auch in England den Kickern aus Liverpool zu neuem Selbstbewusstsein verholfen, so wie es in der wirtschaftlich schwierigsten Zeit der Stadt, Ende der 1960er- bis Mitte der 1980er-Jahre, als der Fußball zum Hoffnungsanker der Menschen wurde, schon einmal geschehen ist. Heute ist dieser Geist in der Fußballhymne „You'll Never Walk Alone“ verkörpert, die bei jedem Heimspiel durch die Anfield Road hallt. Eigentlich ist der Song „You'll Never Walk Alone“ ein Musical-Finale, das Mitte der 1940er-Jahre von Richard Rodgers (Musik) und Oscar Hammerstein II (Text) für eine Broadway-Produktion komponiert wurde. Das Lied sollte damals die Amerikaner trösten, die zu Zehntausenden in Europa Kriegsdienst leisteten. 1945 erreichte der Song in der Version mit Frank Sinatra erstmals die Hitparaden.

Heute ist das Musical vergessen, sein musikalischer Schluss aber weltberühmt. Das liegt nicht nur an den zahlreichen Versionen des Liedes, an denen sich Weltstars wie Aretha Franklin, Louis Armstrong, Shirley Bassey, Placido Domingo, Johnny Cash, Mario Lanza, Dionne Warwick, Elvis Presley und die Toten Hosen versuchten, sondern vor allem an den Liverpooler Fußballfans. Im Stadion an der Anfield Road nämlich wurden seit den 1960er-Jahren die Fans mit populären Schlagern auf die Spiele eingestimmt. Dazu gehörte auch „You'll Never Walk Alone" in der Version des Liverpooler Sängers Gerry Marsden. 1963 hatte er den Song zusammen mit seinen „Pacemakers" aufgenommen.

Als eines Tages die Tonanlage beim Abspielen des Liedes im Stadion ausfiel, so die Legende, sangen die Liverpudlians auf den Rängen einfach weiter. Und weil es ihnen so großen Spaß gemacht hatte, sangen sie von da ab bei jedem Heimspiel diese, nunmehr ihre Hymne. Dem Liverpooler Beispiel folgten andere englische Vereine, schließlich auch der deutsche Kultclub FC St. Pauli. Heute sind es mehr als ein Dutzend deutscher Bundesligavereine, in deren Stadien das Lied vor jedem Spiel von den Fans gemeinsam angestimmt wird. „You'll Never Walk Alone" gilt als der Fußball-Hit schlechthin.

Die meisten Liverpooler sprechen offen darüber, welchem Verein ihr Herz gehört. Ausländischen Besuchern gegenüber aber beantworten viele die Frage nach ihrem Lieblingsverein nur mit „fair play", schließlich will man es sich mit den Gästen nicht verderben.

Zwar ist Everton der ältere Verein, erfolgreicher im Fußball aber ist der Liverpool FC. Auch wirtschaftlich hat Everton zu kämpfen, denn sein Eigner – Farhad Moshiri, ein britisch-iranischer Milliardär mit engen Verbindungen zu russischen Oligarchen – will den Club so schnell wie möglich loswerden.

046lp Abb.: gs

Auch die US-amerikanische Fenway Sports Group (FSG), Eigner des FC Liverpool, könnte mit dem Verkauf des Vereins viel Geld verdienen. Experten schätzen den aktuellen Marktwert auf bis zu fünf Milliarden Euro – mehr als das Zehnfache der 343 Millionen jedenfalls, die man 2010 für die Übernahme des Vereins bezahlt hatte.

Wie stark der Fußball die Stadt prägt, wird auch durch die vielen Murals deutlich: Zum Teil haushohe Wandmalereien, die überall in der Stadt zu finden sind, zeigen Bilder von Trainern und Spielern. Es werden vierstündige Stadttouren angeboten, die zu den zentralen Murals führen.

› https://homefans.net/activity/merseyside-stadiums-graffiti-city-tour-with-pint-at-the-sandon

Im Fußball nur bei Festzügen vereint – Blues and Reds

chenenden, und dauern in der Regel 80 Minuten. Dabei lernt man unter sachkundiger Führung (auch auf Deutsch) Mannschaftskabinen und Umkleideräume kennen, vor allem aber das Stadion selbst.

Für Tickets steht man an der Anfield Road meist vergebens an. Daran hat auch der Ausbau des Stadions auf fast 54.000 Sitzplätze wenig geändert. Sollte der Verein weiter so wie zuletzt performen, werden auch die bis Ende 2024 nochmals neu geschaffenen 7000 Sitzplätze die Nachfrage nach Tickets nicht stillen.

› **Liverpool FC Stadion Tour und Museum,** Anfield Road, L4 0TH, Tel. 2606677, www.liverpoolfc.com, Museum: tgl. 10–16 Uhr (außer an Spieltagen), Anreise: Bus 26 und 27 ab Innenstadt, Stadiontour: 23 £ (Kinder 14 £), nur Museum: 12 £, Kinder 8 £. Frühzeitige Onlinereservierung für die Stadion-Tour empfohlen! An Spieltagen gibt es von der Bahnstation Sandhills Zubringerbusse zum Stadion.

25 Goodison Park ★ [N2]

„Grand Old Lady“ nennen die Einheimischen Liverpools zweites großes Stadion, den Goodison Park, die **Spielstätte des Everton FC** – nur eine gute Viertelstunde Fußmarsch von der Anfield Road 24 entfernt. Als erster großer englischer Fußballplatz verfügte das Stadion über eine Rasenheizung und auch den ersten Besuch eines britischen Monarchen in einem Fußballstadion konnte der Goodison Park im Jahr 1913 mit der Visite König Georg V. für sich verbuchen.

Everton gehörte zu den Gründungsmitgliedern der 1888 ins Leben gerufenen englischen Fußball-Liga, in deren oberster Spielklasse der Verein fast immer vertreten war. Zu seinen Kicker-Idolen zählt Wayne Rooney. Im Oktober 2002 schrieb der junge Fußballer Geschichte, als er mit seinem Siegtor die fast ein Jahr lang in Ligaspielen unbesiegte Mannschaft von Arsenal London vom Sockel stürzte.

Beim Heimspiel gegen den Liverpool FC im September 1948 drängten sich fast 80.000 Zuschauer auf den vier Tribünen des Stadions. Heute bietet der Goodison Park rund 40.000 Zuschauern Platz, da es aus Sicherheitsgründen keine Stehplätze mehr gibt.

Derzeit ist das neue Stadion des Clubs, ein **Neubau** im Bramley Moore Dock im Norden der Stadt im Bau: ein das Stadtbild prägendes Stadion am Mersey, das letztlich in der Diskussion ums Weltkulturerbe das Fass zum Überlaufen brachte und Liverpool das Gütesiegel der UNESCO kostete. 13.000 Plätze mehr als an der jetzigen Spielstätte erhofft sich der Everton FC vom neuen Stadion, das Ende 2024 seine Pforten öffnen soll.

Die Baukosten für das neue Stadion betragen mehr als 500 Millionen Pfund: Das passende Grundstück hat Liverpools größter Investor, die Peel Group, bereitgestellt, die dazu ein altes Dock mit Sand aufschüttete und bebaute. Da es in Liverpool oft regnet, wird das neue Stadion mit einem Dach ausgestattet. Mehr als eine Million Besucher jährlich erhoffen sich die Bauherren vom neuen Stadion, das man sich im Internet unter www.evertonstadium.com bereits ansehen kann.

› **Everton Stadion Tour,** Goodison Park, Goodison Road, L44 EL, Tel. 5561878, www.evertonfc.com, Stadiontour: meist täglich 10–14.30 Uhr (nicht an Spieltagen), Eintritt: 22 £ (Kinder 14 £)

Erlebenswertes in der Umgebung

Viele Hundert Kilometer Strand, weite Dünen, satte Wiesen, grüne Hügel, beschauliche Städtchen, urige Dörfer. Merseyside, Liverpools Hinterland, hat viele Gesichter. Sefton, Southport, Knowsley und St. Helens finden sich im Osten und Norden Liverpools, im Westen befindet sich die Halbinsel Wirral, ein ehemals selbstständiger Mini-Staat der Wikinger.

Die jüngste touristische Attraktion in Wirral ist das neue **Eureka! Science + Discovery** 26, das Nachfolgeunternehmen des ehemaligen Spaceport, das sich vor allem dem Wissensdurst von Kindern und Jugendlichen verschrieben hat. Geschichtsbewusste und alle, die es ein bisschen ruhiger mögen, können **Port Sunlight** 27 besuchen, eine alte Industriesiedlung, die heute komplett unter Denkmalschutz steht. Ihr Bauherr war der Industrielle William Hesketh Lever, der sein Geld mit der Herstellung von Seifen und Reinigungsmitteln verdiente. Levers Siedlung bestand neben den schwarz-weißen Fachwerkhäusern für die Arbeiter aus einer Schule, einer Kantine, einem Konzertsaal und einem kleinen Hospital. Die Anlage verschafft gute Einblicke in das industrialisierte England des späten 19. Jahrhunderts.

Shoppingfans sind im Cheshire Oaks Designer Outlet (s. S. 79) mit seinen über 145 Geschäften bestens aufgehoben. Ansonsten aber prägt viel Natur die Halbinsel Wirral, wilde Küstenlandschaften und ein paar kleinere Städte wie **Wallasey**, **Bebington** oder **Birkenhead.** Hier lockt der **Birkenhead Park,** eine kleine grüne Oase, geschaffen zwischen 1843 und 1847. Dieser soll weltweit der erste öffentliche Park gewesen sein, Vorbild des berühmten Central Park in New York. Freunde alter Busse und Straßenbahnen können sich im **Wirral Transport Museum** (s. S. 62) sattsehen.

Auch Wanderer, für die es gut 80 Kilometer ausgewiesener Wanderwege gibt, kommen auf der Halbinsel Wirral auf ihre Kosten. Es findet sich zudem ein gutes Dutzend Golfplätze, deren Rasen die häufigen Regenschauer an der Küste zugute kommen. Naturfreunde schätzen die reiche Flora und Fauna, die sich durch eine Vielzahl an Vogelarten auszeichnet. Menschen, die sich den Wind der Irischen See gern um die Nase wehen

MEIN TIPP

Kanaltour Liverpool – Manchester

Fünf bis sechs Stunden dauert der abwechslungsreiche Ausflug auf dem Wasser, der von Juni bis September angeboten wird. 56 km Kanal über Viadukte und unter Brücken hindurch, vorbei an alten Industrieanlagen, historischen Bauten, kreuz und quer durch eine einmalige Landschaft. Fünf Schleusen gilt es zu überwinden, 17 Höhenmeter insgesamt. Fachkundige Kommentatoren erzählen während der Reise aus der Geschichte des Kanals, an dessen Fertigung bis zu 17.000 Arbeiter beteiligt waren.

› **Veranstalter:** Mersey Ferries, Tel. 3301420, Reservierung ist notwendig, auch online möglich: www.merseyferries.co.uk/cruises/Manchester-Ship-Canal-Cruises

Ein Tipp: Um Liverpools Nachbarstadt Manchester individuell zu entdecken, ist der CityTrip Manchester aus dem Reise Know-How Verlag der ideale Reiseführer.

lassen, die Ruhe suchen, frische Luft und das Rauschen des Meeres, sind hier richtig.

Ein bisschen gilt das auch für **Southport**, wo der feine Sandstrand, einer der längsten in Europa, mit einer der einst schönsten englischen Uferpromenaden konkurriert, die allerdings etwas in die Jahre gekommen ist. Ihr Schmuckstück sind die viktorianischen Geschäftsarkaden.

In Liverpools Hinterland liegt **Knowsley**, ein kleines Naturparadies mit dem **National Wildflower Centre** und einem **Safari Park**, in dem man Löwen, Tigern und anderen wilden Tieren begegnen kann. Außerdem gibt es ein Seelöwen-Haus mit regelmäßigen Show-Vorführungen und eine Farm mit Schweinen, Rindern, Eseln und anderen Haustieren.

Auch rund um **St. Helens**, das für so manche Szene in der erfolgreichen Netflix-Serie „Wer einmal lügt" (Originaltitel „Stay Close") die Kulisse bildete, locken Parks und Grünflächen, bieten sich vor allem für Reiter ungeahnte Ausflugsmöglichkeiten. Und auch das kleine Städtchen selbst ist mit seinen Cafés und Geschäften immer einen Zwischenstopp wert.

Wer Spaß an einer farbigen Unterwasserwelt hat, sollte das **Blue Planet Aquarium** in Ellesmere Port besuchen. Spektakulär ist sein 70 m langer gläserner Tunnel mitten durchs Wasser. Neben Fischen locken im Blue Planet Aquarium auch Amphibien wie z. B. die giftigsten Frösche der Welt.

Die seltenen roten Eichhörnchen trifft man im **Red Squirrel Reserve**, einer guten Adresse für alle Naturfreunde. Ganz in der Nähe kommen zudem auch Kunstfreunde auf ihre Kosten. Dort hat der Künstler Antony Gormley das von Ebbe und Flut geprägte Ufer in eine Kunstlandschaft verwandelt.

26 Eureka! Science + Discovery ★ [F13]

Schon der einheitliche Preis für Kinder und Erwachsene verrät, für wen das Museum eigentlich gedacht ist. Eureka! richtet sich an die Jüngeren, deren Wissensdurst das millionenteure Haus spielerisch stillt. **Technik und Wissenschaft, Kunst und Mathematik** zeigen sich hier nicht akademisch trocken, sondern aufregend und interaktiv. So kann man durch zwei überdimensionierte Lungenflügel spazieren, um den menschlichen Körper besser kennenzulernen, oder klettern, um der Natur näher zu kommen. Kein Wunder, dass die Ausstellung mehr einem riesigen Spielplatz als einem Museum gleicht.

› Victoria Place Wallasey, CH44 6QY, Tel. 323003, www.eurekadiscovery.org.uk, Di.–Fr. 10–16, Sa., So. 10–17, in den Schulferien tgl. 10–17 Uhr, Eintritt: 15,95 £

27 Port Sunlight Museum and Garden Village ★ [H23]

Die Firmengeschichte des 1888 gegründeten Gartendorfs erzählt eine Ausstellung im Heritage Centre, ein interaktiver Village Trail führt den Besucher über das Gelände – auch zur Lady Lever Gallery (s. S. 59), einer berühmten Kunstsammlung. Port Sunlight, bekannt geworden durch seine Seifenfabrikation, gilt als eine der ersten Industriesiedlungen, deren Gründer sich um das Wohl ihrer Arbeiter kümmerten, indem sie ein idyllisches Umfeld mit großen Gartenanlagen und passender Architektur schufen.

› 23 King George's Drive, Port Sunlight, Wirral CH62 5DX, Tel. 6446466, www.portsunlightvillage.com, Mi.–So. 10–16.30 Uhr, Eintritt: 8 £, Bahnstation: Port Sunlight

28 Blue Planet Aquarium ★

Das vielbesuchte Aquarium liegt unweit des riesigen Designer Outlets Cheshire Oaks (s. S. 79). Auf dem Programm stehen zahlreiche Shows wie die Fütterung der Pelikane (täglich ab 11 Uhr). Spektakulär sind die Vorführungen mit meterlangen Haifischen. Für das nötige Kleingeld darf man am Wochenende auch selbst zu den Tieren ins Wasser steigen.

› Longlooms Road, CH65 9LF Wervin, Cheshire Oaks, Tel. 3578804, www.blueplanetaquarium.com, tgl. 10–17 (letzter Einlass 16 Uhr), Eintritt: 25,25 £ (Kinder 18,25 £, Familien 82 £), Bahnstation: Ellesmere Port

29 Knowsley Safari Park ★★

Der Safaripark vor den Toren Liverpools ist eine der meistbesuchten Touristenattraktionen der Region. Löwen und Tiger sind hier ebenso zu Hause wie Affen und Zebras, Kamele, Büffel, Bisons, Vögel und Reptilien. Insgesamt gibt es mehr als 750 Tiere.

Für den Besuch benötigt man ein eigenes Fahrzeug. Alternativ kann man i. d. R. einen Kleinbus zur Rundfahrt über das riesige Gelände nutzen, in dem man den großen Tieren noch näher kommen soll. Ein Teil des Parks ist auch für Fußgänger zugänglich. Pfade führen unter anderem zum Seelöwenbecken, zu Tigern, Giraffen und vielen anderen Tieren.

› Prescot, Merseyside L34 4AN, www.knowsleysafariexperience.co.uk, Tel. 4309009, März–Okt. tgl. 10–16 Uhr, Nov.–Febr. eingeschränkt, Eintritt: 25 £, Kinder 19,50 £, Bahnstation: Prescot

30 Antony Gormley's Another Place und Red Squirrel Reserve ★ ✿

Formby Point ist mit dem Red Squirrel Reservat ein ideales Wander- und Reiterparadies. Das vom National Trust verwaltete, direkt an der Küste gelegene Naturreservat ist außerdem Rückzugsgebiet einer der letzten Kolonien roter Eichhörnchen in Großbritannien und Hort vieler seltener Vögel und Meerestiere.

Etwas weiter südlich, an Seftons Crosby Beach, finden sich rund 100 mannshohe Figuren des englischen Bildhauers Antony Gormley. 1977 standen diese eisernen Kunstwerke am Strand von Cuxhaven, dann in Norwegen und Belgien, ehe sie im Norden Liverpools ihre letzte Heimat fanden. Zu sehen ist das viel beachtete und über viele Kilometer verstreute Kunstwerk allerdings nur bei Ebbe, wenn die Figuren aus dem Wasser ragen.

› **Red Sqirrel Reserve**, Victoria Road, Freshfield, Formby, Merseyside L37 1LJ, Tel. 0170 4878591, www.nationaltrust.org.uk, der Eintritt ins Naturreservat ist frei, die Parkplätze sind kostenpflichtig (8,50 £), Bahnstation: Freshfield

› **Antony Gormley's Another Place**, Sefton, www.sefton.gov.uk, Bahnstation: Hall Road, Blundellsands oder Waterloo. Von den Stationen sind es jeweils 10–15 Minuten Fußweg zur Küste.

31 Southport ★

Das Highlight der Stadt sind die **viktorianischen Geschäftsarkaden** – Zeugnisse einer Zeit, in der es schick war, im eigenen Land Urlaub zu machen. Auch Southports Parks mit ihren kleinen Teichen und wunderschönen Gärten erinnern an die Anfänge des Badetourismus, von dem South-

125lp Abb.: ©frimufilms, stock.adobe.com

port lange Zeit profitierte. Am meisten aber freut den Besucher der feine **Sandstrand**, der vor allem im Sommer ein beliebtes Urlauber- und Wochenendziel ist. Besonders Hundefreunde sind hier gut aufgehoben. Auf die Fellnasen warten lange Strände und viele Parkanlagen.

Wer sich für Gartengeräte interessiert, findet im **Rasenmäher-Museum (British Lawnmower Museum)** mehr als 200 Exemplare, darunter auch viele aus dem 19. Jahrhundert: eine nostalgische Schau!

Splash World heißt ein Indoor-Aquapark mit einem 25-Meter-Becken und Wasser-Rutschbahnen. Und v. a. die Jüngsten dürften sich im **Model Railway Village** wohlfühlen, wo eine Reihe von Miniaturlokomotiven samt Waggons verkehrt. Aber auch sonst gibt es Abwechslung genug – vom Wellnesscenter bis zum Spielsalon –, sodass in Southport zumindest im Sommer nie Langeweile aufkommt! Infos für Urlauber gibt es in Southports Bibliothek und Theater The Atkinson.

› **Anreise nach Southport:** Der Badeort Southport wird regelmäßig von der Northern Line angefahren. Einstieg: Liverpool Central, Fahrzeit: ca. 45 Min.

M **1 British Lawnmower Museum,** 106–114 Shakespeare Street, Southport PR8 5AJ, www.lawnmowerworld.com, Mo.–Sa. 9–17.30 Uhr, Eintritt: 3 £, Kinder 1 £

● **2 Southport Model Railway Village,** Lower Promenade, King's Gardens, Southport PR8 1QX, Tel. 0170 4538001, www.southportmodelrailwayvillage.co.uk, Apr.–Juni, Sept. Sa., So. 10.30–16, Juli, Aug. tgl. 10.30–16 Uhr, 6 £

S **3 Splash World,** Esplanade, Southport, PR8 1RX, www.splashworldsouthport.com, Tel. 0170 4537160, Sa., So. 10–16, in den Schulferien tgl. 10–17 Uhr, Eintritt: 15 £, Kinder 12 £

● **4 The Atkinson,** Lord Street, Southport PR8 1DB, www.theatkinson.co.uk, Mo.–Fr. 10–17, Sa. 10–14 Uhr. Theater, Bibliothek, Museum und Café.

Viktorianische Villen gehören zum Bild von Southport 31

LIVERPOOL ERLEBEN

155lp Abb.: gs

Liverpool für Kunst- und Museumsfreunde

Hätten Sie das gedacht? Keine andere englische Stadt neben London zählt so viele Museen, Galerien und Kunstinstitute wie die Stadt am Mersey. Viele der betagten Ausstellungshallen wurden in den letzten Jahren mit großem Aufwand restauriert, neue Kunsttempel kamen hinzu. Seit die Eintrittsgelder abgeschafft wurden, finden die staatlichen Museen einen nie gekannten Zuspruch.

Überblick

Im **Bluecoat Arts Centre** 14 hat man sich, ebenso wie im nur ein paar Gehminuten entfernten **FACT**, der „Foundation for Art and Creative Technology", auf **aktuelle Kunst** spezialisiert. Der fühlt sich auch die **Open Eye Gallery** verpflichtet, die moderne Fotografie aus aller Welt zeigt und hin und wieder Diskussionen und Treffen mit den Künstlern organisiert.

Wer alle Museen und Kunstinstitutionen Liverpools in Ruhe begutachten wollte, wäre mehr als eine ganze Woche unterwegs – in den **National Museums of Liverpool** (**NML**), die an mehreren Standorten Englands größte Sammlung von Kunst und Geschichte präsentieren, sogar zum Nulltarif.

Eines der meistbesuchten Museen der Stadt ist das **Museum of Liverpool** 3, nördlich des Albert Dock und direkt am Mersey gelegen. Es erinnert an die berühmten Söhne und Töchter der Stadt, an Schauspieler wie Rita Tushingham, Philip Olivier oder Rupert Davies, der als Kommissar Maigret populär wurde, oder an Sir Simon Rattle, den weltbekannten Dirigenten. Und natürlich werden Liverpools Hit-Lieferanten gewürdigt: Gruppen wie Gerry and The Pacemakers oder Frankie Goes to Hollywood, Solisten wie Cilla Black, Billy Fury oder Melanie C, vor allem aber die Beatles, die musikalischen Apostel Liverpools, die den Mersey-Sound weltweit bekannt machten.

Viel Zulauf findet Jahr für Jahr auch die **Tate Liverpool im Albert Dock**, wo man sich vorwiegend moderner und modernster Kunst verpflichtet fühlt. Alle zwei Jahre, immer in geraden Jahren, ist die Stadt Schauplatz der **Liverpool Biennial**, eines der größten Festivals visueller Gegenwartskunst in Großbritannien. Von Mitte Juli bis Ende Oktober zeigen dann – auch weltbekannte – Künstler an vielen kreuz und quer über die Stadt verteilten Ausstellungsorten ihre Werke.

National Museums of Liverpool

National Museums of Liverpool ist die einzige große britische Museumsgruppe außerhalb Londons. Sie besteht aus sieben kulturellen Einrichtungen in Merseyside. Sämtliche ihrer Ausstellungen sind täglich außer montags von 10 bis 16 Uhr geöffnet, der **Eintritt ist frei**. Einen Teil der Ausstellungsstücke, v. a. Gemälde aus der Walker Art Gallery 12 oder dem Sudley House, kann man sich vorab auf der gemeinsamen Website aller Institutionen ansehen und dann gezielt vor Ort besichtigen. In fast allen Museen finden sich auch ein Museumsshop und eine Cafeteria oder ein Restaurant, die in Qualität und Leistung mit der örtlichen Gastronomie gut mithalten können.

› www.liverpoolmuseums.org.uk

◁ *Vorseite: Stilvoller Afternoon Tea mit Schaumwein und Blick über die Stadt im Panoramic 34 (s. S. 67)*

009lp Abb.: gs

🏛 **23** [I12] **International Slavery Museum, Merseyside Maritime Museum,** Albert Dock, L3 4AQ, Bahnstation: James Street, Busstation: Paradise Street Terminal, Tel. 4784499. Zwei Museen unter einem Dach: Das **International Slavery Museum** ist der Geschichte der Sklaverei gewidmet, die Liverpools Reeder einst reich gemacht hat. So zeigen Gemälde, Fotos und Videofilme unterdrückte People of Color und weiße Herrscher. Nachbauten von Sklavensiedlungen führen in die Lebenswelten von damals.

Im Untergeschoss führt eine kleine Ausstellung in die Welt der Schmuggler ein und zeigt, wie Zoll und Grenzpolizei ihnen immer wieder auf die Schliche kommen. „Seized! The Border & Customs uncovered" ist der Titel der Schau, deren Pate die Grenzschutzbehörde ist.

Die maritime Vergangenheit der Stadt wird im **Merseyside Maritime Museum** lebendig. Besonders eindrucksvoll sind die gewaltigen Schiffsmodelle, maßstabsgerechte Nachbauten der Titanic oder des deutschen Schlachtschiffes Tirpitz. Gemälde zeigen das Hafenleben im 18. und 19. Jahrhundert, alte Nachrichtenfilme dokumentieren die Schlachten im Atlantik, die sich Deutsche und Briten im Krieg lieferten.

🏛 **24** [H23] **Lady Lever Art Gallery,** Lower Road, Port Sunlight Village, Windy Bank, Wirral CH62 5EQ, Bahnstation: Bebington oder Port Sunlight, Busstation: Bebington Road, Tel. 4784136. Englische Gemälde des 18. und 19. Jahrhunderts, Möbel, Skulpturen und altes Porzellan zeigt die Galerie auf der anderen Seite des Mersey. Das Kunstmuseum ist Teil einer Arbeitersiedlung auf der Liverpool gegenüber liegenden Halbinsel Wirral. Zu seinen Schmuckstücken gehören eine Wedgwood-Porzellan-Kollektion, griechische Vasen und römische Skulpturen.

3 [J11] **Museum of Liverpool.** Das Museum dokumentiert Liverpools Geschichte und die seiner Menschen. Und das mit einem technischen Aufwand, wie ihn bislang noch kaum ein Stadtmuseum in England betrieben hat (s. S. 21).

🏛 **25** [V18] **Sudley House,** Mossley Hill Road, Aigburth, L18 8BX, Bahnstation: Mossley Hill, Busstation: Elmswood Road, Tel. 4784016. Hier fühlt man sich in die letzten Jahrzehnte des 19. Jahrhunderts zurückversetzt, als das Haus noch im Besitz des Großkaufmanns Georg Holt war. Seitdem hat sich

Walker Art Gallery **12**

151lp Abb.: gs

die Einrichtung nur wenig verändert. Die Gemälde, Möbel und anderen Ausstattungsgegenstände sind eigentlich nur der Rahmen eines Gesamtkunstwerks: Großbritanniens einzige viktorianische Kunstsammlung, die noch an ihrem angestammten Platz zu finden ist, mit Gemälden von Turner, Hunt und anderen Künstlern jener Zeit.

12 [L9] **Walker Art Gallery.** Eine der ältesten britischen Kunstgalerien zeigt europäische Malerei und Skulpturen von Weltrang, Kunst vom 13. bis zum 20. Jahrhundert: Rubens, Rembrandt, Degas ... (s. S. 36).

10 [K9] **World Museum Liverpool.** Außer einem Planetarium und einem Aquarium begeistern vor allem botanische, zoologische und archäologische Sammlungen. Eine eigene Ausstellung ist den alten Ägyptern gewidmet. Sehenswert ist zudem die Völkerkundesammlung (s. S. 32).

Instrumente, Plakate und Platten aus der Skiffle-Zeit erzählen in der British Music Experience (s. S. 27) aus der Frühgeschichte der Popmusik

Weitere Museen

› **British Music Experience.** 70 Jahre Brit-Pop werden hier dokumentiert und wer will, kann im interaktiven Studio mal auf einer Gitarre oder anderen Instrumenten spielen (s. S. 27).

11 [K9] **Central Library.** Die Bibliothek glänzt mit einmalig gestalteten Lesesälen und James Audubons berühmtem Buch über Amerikas Vogelwelt (s. S. 33).

26 [F13] **Eureka! Science + Discovery.** Hier können sich Kinder interaktiv und spielerisch den Themen Wissenschaft, Technik und Kunst nähern (s. S. 54).

M26 [U10] **Imagine That,** 26–32 Faraday Road, Wavertree Technology Park, L13 1EH, Tel. 2282175, www.imaginethat.org.uk, Sa., So. 10–17.30 Uhr, Eintritt: Kinder 15,95 £, Erwachsene 7,95 £. Das für Kinder gedachte Erlebnismuseum vereint Bildung und Spaß.

M27 [J10] **Liverpool Beatles Museum,** 23 Mathew Street, L2 6RE, Tel. 2361337, https://liverpoolbeatlesmuseum.com, tgl. 10–16 Uhr, Eintritt: 17 £. Das Museum widmet sich den Musikern mit persönlichen Ausstellungsstücken, u. a. den ersten Farbaufnahmen der Fab Four.

154lp Abb.: gs

28 [I12] **Tate Liverpool,** Albert Dock, L3 4BB, Tel. 7027400, www.tate.org.uk, April–Sept. tgl. 10–17.50, Okt.–März tgl. 10–17 Uhr, Eintritt frei (gilt nicht für Sonderausstellungen). Zentrum moderner Kunst im Norden Englands. Degas, Picasso, Mondrian, Matisse, Segal, Warhol, Lichtenstein, Spoerri, Dubuffet, Oldenburg – sie alle sind mit Arbeiten hier vertreten. Zum Museum gehören ein Shop mit Kunstbüchern und ein Café.

2 [I12] **The Beatles Story.** Kellermuseum im Albert Dock, das die Geschichte der Fab Four mit vielen Originalstücken wie Instrumenten oder Kleidung dokumentiert. Fan-Shop nebenan (s. S. 20).

› **The Hardman's House** (s. S. 41). Im ehemaligen Wohnhaus und Studio des berühmten Fotografen Edward Chambré Hardman sind die schönsten seiner Bilder zu sehen – leider nur im Rahmen selten stattfindender geführter Touren.

29 **The World of Glass,** Chalon Way East, St. Helens WA10 1BX, Tel. 01744 22766, www.worldofglass.com, März–Okt. Di.–Sa. 10–15, So. 11–15, Nov.–Febr. Di.–Sa. 10–14.30 Uhr, Eintritt frei, Glasbläservorführungen 4,50 £. Die Schau in St.Helens, eine halbe Autostunde von Liverpool entfernt, erzählt die Geschichte des Glases von den alten Ägyptern bis heute. Jeweils um 12, 13.45 und 15 Uhr demonstrieren Glasbläser ihre Kunst. Mit Verkaufsgalerie.

30 [N10] **Victoria Gallery & Museum,** Ashton Street (University of Liverpool), L69 3DR, www.liverpool.ac.uk, Tel. 7942348, Di.–Sa. 10–17 Uhr, Eintritt frei. Gemälde von William Turner oder dem amerikanischen Tiermaler James Audubon finden sich in der Universitätsgalerie. Im benachbarten Haus zeigt die Universität alte Zähne, Fossilien, Tierskelette und eine große Ausstellung mit Tabakpfeifen.

31 [I10] **Western Aproaches Museum,** 1–3 Rumford Street, L2 8SZ, Tel. 2272008, www.liverpoolwarmuseum.co.uk, tgl. 10–18 Uhr (letzter Einlass 17 Uhr), Eintritt: 13,50 £. Schon das Museumsgebäude selbst ist ein Stück Kriegsgeschichte. Sein Kern ist ein 1941 eingerichteter Bunker, von dem aus England seine militärischen Operationen

In der Walker Art Gallery **12** *kann man Kunstwerke vom Mittelalter bis in die Neuzeit genießen*

gegen Deutschland plante und ausführte. Von Liverpool aus wurde v. a. der Kampf gegen die deutschen U-Boote koordiniert.

32 [D13] **Wirral Transport Museum,** 1 Taylor Street, Birkenhead CH41 1BG, Tel. 6472128, www.mtps.co.uk, Sa., So. 13–16 Uhr. Links des Mersey erinnert das Museum an die Anfänge des Tramverkehrs. So verkehrte in Birkenhead die erste Straßenbahn Europas.

Galerien und Kunstzentren

33 [L11] **FACT (Foundation for Art and Creative Technology),** 88 Wood Street, L1 4DQ, Tel. 7074444, www.fact.co.uk, tgl. 11–22 Uhr, Öffnungszeiten der Galerien: Di.–So. 11–18 Uhr. Die Kunst- und Technologie-Stiftung hat sich ganz der Kultur im digitalen Zeitalter verschrieben. In dem Bau finden sich drei Lichtspieltheater, die sowohl künstlerisch ausgefallene Filme als auch Kassenschlager zeigen. Die beiden Galerien im FACT präsentieren meist Arbeiten international renommierter Film- und Videokünstler.

34 [I11] **Open Eye Gallery,** 19 Mann Island, L3 1BP, Tel. 2366768, www.openeye.org.uk, Di.–So. 10–17 Uhr. Moderne Fotografie hat sich die renommierte Galerie, die nahe des Museum of Liverpool liegt, auf ihre Fahnen geschrieben. Auf dem Programm stehen gewöhnlich vier Ausstellungen jährlich.

14 [K11] **The Bluecoat Arts Centre.** Moderner Tanz und Malerei sind hier ebenso zu Hause wie andere Formen zeitgenössischer Kunst. Galerien, Restaurant, Bar und Café (s. S. 37).

35 **Williamson Art Gallery & Museum,** Slatey Road, Birkenhead, Prenton, CH43 4UE, Tel. 6663537, www.williamsonartgallery.org, Mi., Do., Sa. 10–17, Fr. 10–21 Uhr. Rund sechstausend Gemälde, Zeichnungen und Drucke, meist aus dem 19. Jh., nennt die Galerie vor den Toren Birkenheads ihr Eigen.

Liverpool für Genießer

Verhungert oder verdurstet ist am Mersey noch keiner. Mehr als zweitausend Restaurants, Cafés, Bars und Pubs wetteifern in und um Liverpool um die Gunst der Gäste. Vielfalt und Angebot waren noch nie so groß wie heute. Immer schicker wird das Angebot an Cafés, die nicht nur Süßes, sondern auch leckere Sandwiches und Salate offerieren.

Natürlich brauchen auch die Freunde des Fast Food in Liverpool auf nichts zu verzichten, an vielen Ecken stillen kleine Läden den kleinen Hunger zwischendurch. Abends laden elegante Restaurants mit internationalem Charme. Selbst die Pubs sind nach Einführung des öffentlichen Rauchverbots längst nicht mehr so grau wie früher.

Vielfalt der Küchen

Früher hieß es im Volksmund, ein Franzose lebe, um zu essen. Ein Engländer aber esse, um zu leben. Dieses Vorurteil hat schon lange keine Gültigkeit mehr, erst recht nicht in Liverpool. *Stew, Sausages, Peas, Cabbage, Chips, Dried Cod* – das waren die Schlüsselworte auf den alten Speisekarten: Eintopf, Wurst, Erbsen, Kohl, Kartoffeln und Stockfisch. Leichte Salate, zart gegartes Gemüse und Fleisch vom Feinsten sind heute gefragt. Fish 'n' Chips, das Jahrzehnte für britische Esskultur stand, hat Konkurrenz bekommen.

Mehr und mehr auch **bestimmt der Markt das kulinarische Angebot,** kommt nur auf den Tisch, was frisch zu haben ist. Gemüse vor allem, das blanchiert und gedünstet serviert wird statt wie früher zu einer Pampe zerkocht. Nach Salz und Pfeffer haben

Englands Köche zudem längst auch Koriander und Safran entdeckt, Kurkuma, Nelken und weitere Gewürze.

Hinzu kommen internationale Einflüsse. Argentinische finden sich neben brasilianischen Steakhäusern, Mexikaner neben Italienern – Essen für jeden Geschmack und Geldbeutel. In der Gastronomie am Mersey, verkörpert durch über Tausend Bistros, Pubs und Restaurants, ist die britische Küche mittlerweile nur noch eine unter vielen. Von Tapas bis Tortillas reicht das Angebot heute, von afrikanischer bis asiatischer Küche. Vor allem im Viertel der Chinesen rund um die Nelson Street [K–L12] reiht sich ein chinesisches Lokal an das andere.

Je trendbewusster es zugeht, je renommierter der Koch, desto teurer wird das Essen. Umgerechnet etwa 40 Euro muss man für ein dreigängiges Menü samt einem Getränk im Durchschnitt einkalkulieren, mindestens den doppelten Betrag in den angesagten Gourmettempeln der Stadt. Oft werden aber auch dort Spezialmenüs angeboten und vor 19 Uhr isst man generell oft ein bisschen günstiger. Auf alle Fälle lohnt das genauere Studieren der Websites und Speisekarten, die an jeder Eingangstür aushängen müssen.

Hin und wieder kommt zu den aktuellen Preisen, welche in der Regel die Mehrwertsteuer mit ausweisen, noch eine *Service Charge* dazu, ein **Bedienungsentgelt** von 10 bis 15 %.

Die preiswerte Alternative zu den Restaurants sind Pizza- und Dönerbuden sowie Hamburgerläden, die wie die unzähligen asiatischen Fast-Food-Läden überall in Liverpool zu finden sind. Für preisbewusste Esser sind auch die sogenannten **BYO-Gaststätten** *(Bring Your Own)* gedacht, wo man seine alkoholischen Getränke selbst mitbringt, also nur für die Mahlzeit bezahlt. Vielen Gastronomen nämlich sind die Kosten für die Alkohollizenzen zu hoch, weshalb sie auf den

Das klassische englische Frühstück ist auf keinen Fall Schonkost

128lp Abb.: gs

Ausschank von Bier und Wein verzichten. Entsprechende Restaurants in Liverpool und Umgebung listet die Website www.agfg.com.au/restaurants/liverpool-surrounds/byo-category.

Zum Schluss noch ein paar **Ratschläge**: Vor allem sonntags ist es angeraten, vor einem Restaurantbesuch einen Tisch zu reservieren. Auch hassen es die Wirte, wenn man einfach ins Lokal spaziert und sich direkt an einen Tisch setzt. Sie weisen ihren Gästen lieber einen Platz zu. Sollte keiner frei sein, wird man gewöhnlich in die Lounge geleitet, wo man bei einem Aperitif schon mal die Menükarte studieren kann bis ein Tisch frei wird.

Sparfüchsen sei die Einkehr in eines der vielen **Museumscafés und -restaurants** empfohlen, die preiswerte Mahlzeiten oder eine kleine Stärkung für Zwischendurch meist recht günstig anbieten.

Vom Frühstück zum Abendessen

Mit einem **rustikalen Frühstück** starten die Briten in den Tag. *English breakfast* heißt das und wird auf Wunsch auch in vielen Hotels angeboten, manchmal allerdings nur gegen Aufschlag. Es besteht traditionell aus Tee, Orangen- oder Grapefruitsaft, Cornflakes oder *Cereals* (Müsli), Toast, gesalzener Butter und bitterer Orangenmarmelade. Dazu kommen, je nach Hunger, Schinken, Speck, Rühr- oder Spiegeleier, Würstchen, gegrillte Champignons und weiße Bohnen in Tomatensoße. Ganz traditionell auch noch Kippers, Bratfisch oder Bückling. Für Touristen servieren die meisten Herbergen aber auch ein *continental breakfast:* Toast, Butter und Marmelade, wie man es von zu Hause eher gewöhnt ist.

Der **Lunch**, wie das Mittagessen auf der Insel genannt wird, fällt nach dem kräftigen Frühstück meist kleiner aus. Zwischen 12 und 14 Uhr sind oft nur kalter Braten, Salate aller Art, Pasteten, Brot und Käse gefragt, gern auch Suppen oder kleine überbackene Leckereien. *Cornish Pasties,* die es in vielen Bäckereien zum Mitnehmen gibt, sind mit Fleisch oder auch Gemüse gefüllte Teigtaschen. Natürlich können diese auch mit Schokolade oder sonstigem Süßkram gefüllt sein.

Zunehmend zur Mittagspause werden auch die Lebensmittelabteilungen der großen Kaufhäuser genutzt, die immer eine Anzahl leckerer Salate, belegter Sandwiches und Baguettes vorhalten.

Obwohl jeder englische Arbeiter das Recht auf mindestens eine **Teepause** am Tag hat, wird der *afternoon tea* längst nicht mehr so ernst genommen wie früher. Allerdings erinnern die Teekannen auf fast jedem Hotelzimmer noch an diese Zeit, in der es zum guten Ton gehörte, sich am Spätnachmittag bei einer oder mehreren Tassen Tee zusammenzusetzen. Dazu gab oder gibt es Kuchen und Süßigkeiten, insbesondere mit Butter bestrichene Muffins oder Scones (Rosinenbrötchen), die traditionell mit Erdbeermarmelade und Sahne bestrichen werden, vor allem aber mit *clotted cream.* Unter dieser englischen Bezeichnung versteht man einen dicken Rahm aus roher Kuhmilch mit mindestens 55 % (!) Fettgehalt.

Natürlich gibt es diese Leckereien auch heute noch, doch vom Nährwert her kann man dann auf das Abendessen getrost verzichten. Denn das **Dinner** wird traditionell schon zwischen 19 und 19.30 Uhr eingenommen und besteht im Restaurant gewöhnlich aus zwei oder drei Gängen.

Übrigens: In vielen Restaurants in Liverpool kann man auch **online reservieren:** einfach auf die Website schauen!

Empfehlenswerte Lokale

Restaurants für jeden Geschmack und Geldbeutel

36 [K11] **Albert's Schenke** £, 16 Hanover Street, Tel. 7092401, www.albertsschenke.co.uk, tgl. 12–21 Uhr. Die Getränke- und Speisekarte bietet Schnitzel, Bratwurst und bayrisches Bier vom Fass. Das Lokal, eine Art Hofbräuhaus, spielt gekonnt mit deutschen Klischees. Besonders beliebt sind die Sonntagsmenüs.

37 [L12] **Il Forno** ££, 132 Duke Street, L1 5 AG, Tel. 6680006, www.ilforno.co.uk, Mo.–Do. 12–14.30 und 17–23, Fr.–So. 12–23 Uhr. Gut besuchter Italiener mit ausgezeichnetem Service in passendem Ambiente.

38 [I10] **Meet Argentinian Restaurant** ££, 50 Brunswick Street, L2 0PL, Tel. 2581816, www.meetsteakhouse.co.uk, Mo.–Fr. 17–22, Sa., So. 15–22 Uhr.

Preiskategorien

£	Menü bis 25 £ (ca. 28 €)
££	Menü 25–45 £ (ca. 28–50 €)
£££	Menü ab 45 £ (ca. 50 €)

Mein Tipp

Wo die Einheimischen gern speisen

Gestylt wie immer mehr Lokale ist dieses Gasthaus in der geschäftigen Bold Street nicht. Einfache Holztische prägen das Bild. Doch bei Maggie May's kehrt man wegen der Küche ein, die gut, einfach und preisgünstig ist. So gibt es jeden Tag eine Suppe – und natürlich *Scouse*, das Liverpooler Nationalgericht (s. S. 97). Bestellt wird am Tresen, serviert am Platz!

39 [L11] **Maggie May's** £-££, 90 Bold Street, L1 4HY, Tel. 7097600, Mo.–Mi. und Sa. 9.45–18, Do., Fr. 9.45–19 Uhr

Liverpools Küche ist mehr als nur Fish and Chips

091lp Abb.: gs

Gute Adresse für alle Fleischliebhaber. Mit einem Sirloin-Steak, das klein, mittel oder groß serviert wird, ist man immer gut bedient.

40 [M11] **Pen Factory** ££, 13 Hope Street, L1 9BQ, Tel. 7097887, www.pen-factory.co.uk, Di., Mi. 11–23, Do.–Sa. 11–24 Uhr. Bar-Restaurant mit offener Küche im Theaterviertel – vom Frühstück bis zum Late-Night-Dinner.

41 [J11] **Rococo** £, 61 Lord Street (1. Stock), L2 6PB, Tel. 2274822, https://rococoffeeliverpool.com, Mo.–Sa. 9–18, So. 10–18 Uhr. Wo früher das Hauptquartier des Piratensenders Radio Caroline war, serviert man heute Frühstück, aber auch Sandwiches, Panini, eine Tagessuppe, Salate und Smoothies.

42 [J11] **Salt House Tapas** £, 1 Hanover Street, L1 3 DW, Tel. 7060092, www.

Meine Tipps

Gute Regionalküche

Kräuter der Halbinsel Wirral, Fleisch und Pilze aus dem Hinterland sowie Fische aus der Bucht vor Liverpool sind die Zutaten, aus denen man in dem Hotelrestaurant im Theaterviertel die Menüs kreiert.

› **The London Carriage Works** ££, im Hope Street Hotel (s. S. 124), Tel. 7093000, Mo.–Sa. 17–24, So. 17–22 Uhr

070lp Abb.: gs

Streetfood in Liverpool

Der erste Streetfood-Markt Liverpools, der **Baltic Street Market,** befindet sich in einem alten Brauereigebäude. Hier kommt meist Deftiges auf den Teller: Burger, Döner, Gegrilltes und dazu Fassbier. Hin und wieder spielen Kapellen auf, die auch schon mal zur Polonaise auffordern, um den Stimmungspegel zu heben.

Ein bisschen anspruchsvoller geht es in der **Duke Street** zu. In einem gut hundert Jahre alten Gebäude, restauriert für über eine Million Euro, hat ein halbes Dutzend gastronomische Anbieter Platz gefunden. In der Mitte stehen lange Tische, an denen serviert wird, was man ringsum zum Essen und Trinken bestellt hat – von italienischer Pasta über asiatische Wokgerichte, Steaks und Meeresfrüchte bis hin zu Spezialitäten aus Mexiko und Südamerika. Für Kinder gibt es eine Spielecke und wer seinen Vierbeiner dabei hat, ist hier auch gern gesehen.

43 [L14] **Baltic Street Market,** 107 Stanhope Street, L8 5XJ, www.balticmarket.co.uk, Mi., Do. 17–22, Fr. 12–23, Sa. 11–23, So. 11–22 Uhr

44 [K11] **Duke Streetfood Market,** 46 Duke Street, L1 5HS, www.dukestreetmarket.com, Di.–Do. 12–21, Fr. 12–22, Sa. 10–22, So. 10–20 Uhr

The London Carriage Works bietet regionale Küche

salthousetapas.co.uk, Mo.-Do. 12-22, Fr., Sa. 12-22.30, So. 12-21 Uhr. Hier gibt es spanische Leckerbissen - von Chorizo und spanischem Käse bis zu gegrillter Jakobsmuschel.

45 [L12] **Sapporo Teppanyaki** ££-£££, 134 Duke Street, L1 5AG, Tel. 7053005, www.sapporo.co.uk, Mo.-Sa. 12-23, So. 12-22.30 Uhr. Japanische Traditionsküche mit westlichem Einschlag. Man kann den Köchen bei der Arbeit - oft ein flammendes Spektakel - zuschauen. Wer Sushi mag, ist hier richtig.

Vegetarische Restaurants

46 [K11] **Down the Hatch** £-££, 62 Duke St, L1 5AA, Tel. 7080860, www.downthehatchliv.co.uk, Mo.-Do. 15-21, Fr. 15-24, Sa. 12-24, So. 12-21 Uhr. Im Kellergeschoss dieses Hauses gibt es kein Fleisch, dafür *bowls* und *baskets* mit viel Gemüse - und Pommes Frites.

47 [L11] **The Egg Cafe** £-££, 16-18 Newington, 2. Stock, L1 4ED, Tel. 7072755, www.theeggcafe.co.uk, Mo.-Do. 9-21, Fr. 9-22, Sa. 10-22, So. 10-18 Uhr. Ein ehemaliges viktorianisches Warenhaus verwöhnt Vegetarier und Veganer. Im Angebot sind eine frische Tagessuppe, Pilz- und Hummusgerichte, Salate und Quiches. Bis 13 Uhr wird auch ein fleischloses englisches Frühstück serviert.

48 [J11] **The Vibe** £, Unit 1a, Chancery House, Paradise Street, L1 3HE, Tel. 7078847, www.thevibecafe.co.uk, Mo.-Do. 9.30-17, Fr., Sa. 9.30-20, So. 9.30-16 Uhr. Veganes, familiengeführtes Café, in dem auch Hunde gern gesehen sind. Englisches Frühstück mit veganen Würsten gibt es bis 14 Uhr. Große Auswahl an glutenfreien Pfannkuchen und Steaks aus geröstetem Gemüse.

Mein Tipp

Nachmittagstee mit bester Aussicht

West Tower heißt Liverpools höchster Wolkenkratzer, ein vierzigstöckiges Hochhaus am Mersey-Ufer. Im 34. Stock kann man fürstlich speisen. Zum Nachmittagstee serviert man Nyetimber Rosé, einen englischen Schaumwein aus der Güteklasse des Champagners. Viele Teesorten stehen zur Auswahl, dazu handgemachte Köstlichkeiten wie Sandwiches, Scones und *Pastries*, kleine, süße Verführer, die traditionell in der Etagere auf den Tisch kommen. Die Aussicht ist unbezahlbar, der Nachmittagstee hingegen schon! Besonders eindrucksvoll sind die Sonnenuntergänge über dem Mersey und der Blick auf Liverpools schönste Bauten. Diesen kann man bei einem Cocktail werktags bis 23.30 Uhr genießen - eine einmalige Kulisse, die schon vor dem Einschlafen zum Träumen einlädt.

49 [H9] **Panoramic 34** £££, West Tower, Brook Street, L3 9PJ, Tel. 2365534, www.panoramic34.com, Di.-Sa. 12-21.30, So. 12-20 Uhr

130lp Abb.: gs

Beim Nachmittagstee, traditionell serviert auf einer Etagere, liegt einem im Panoramic 34 Liverpool zu Füßen

Cafés

50 [M11] **Coffi,** 8 Pilgrim Street, L1 9HB, www.coffiliverpool.com, Mo.–Fr. 8–16, Sa. 9–16, So. 10–16 Uhr. Alternativ angehauchtes Café in einem gregorianischen Kutschenhaus im Schatten der anglikanischen Kathedrale 16. Im Angebot sind Kaffeesorten aus vielen Teilen der Welt – auch als Take-away.

51 [K11] **Cuthbert's Bakehouse,** 18a Slater Street, L1 4BS, Tel. 7060894, www.cuthbertsbakehouse.co.uk, Di.–Sa. 9.30–17 Uhr. Eine der ersten Adressen für alle Freunde des High Tea, der mittwochs bis sonntags in zwei Schichten serviert wird (Reservierung nötig). Außerdem gibt es Kuchen en masse – und Panini, Bagels oder Nachos für alle, die süß weniger mögen.

52 [J10] **Lucy In The Sky Coffee Shop,** Unit 2, Imperial Court, Exchange Street East, L2 3PQ, Tel. 2369447, www.facebook.com/lucyintheskyliverpool, Mo.–Fr. 9–15.30, Sa., So. 9–14 Uhr. Beliebte Frühstücks- und Brunchadresse in familiärem Ambiente. Hier kann morgens auch schon mal Liverpools Nationalgericht *Scouse* auf den Tisch kommen.

Mein Tipp

Schmusiger Cafébesuch

Katzenfreunde sind in der Bold Street gut aufgehoben, wo gleich 26 Katzen im **Cat Café** zuhause sind. Sie kommen zum Schmusen zu den Gästen und kuscheln sich gern in die Sessel des Cafés, das eigentlich eine große Wohnstube ist. 15 Pfund kostet der einstündige Besuch im Katzenparadies, kalte und warme Getränke sind dafür kostenlos. Kinder sind gern gesehen, allerdings erst ab 4 Jahren.

53 [K11] **Cat Café,** 10 Bold Street, L1 4DS, Tel. 7099992, https://catcafe.co.uk, Mo., Mi.–Sa. 10–18, So. 11–18 Uhr

Liverpool am Abend

Liverpool ist eine Stadt mit Herz. In zwei, drei Tagen lässt sich ihr Puls leicht fühlen. Um sie zu erobern, braucht es freilich länger. Deshalb gibt es Briten, die fast jedes Wochenende Richtung Liverpool reisen. Vor allem Nachtschwärmer loben die Stadt in höchsten Tönen, die als eine der lebendigsten auf der Insel gilt. Unter vielen jungen Leuten rangiert Liverpools Nachtleben zumindest samstags längst vor London und Manchester.

Nachtleben

Überblick

Die Geschichte des Liverpooler Freizeitvergnügens ist lang. So zählte die Stadt schon anno 1871 ein Dutzend Theater, Musikhallen und andere große Unterhaltungsschauplätze, dazu Konzertbühnen wie St. George's Hall 9, die damals freilich den kulturellen Eliten vorbehalten waren. In der ersten Hälfte des 20. Jahrhunderts aber wurden **viele Theater durch Kinos ersetzt.** Anno 1913 etwa gab es in Liverpool insgesamt noch elf Theater und 32 Kinos. Im Jahr 1931 dagegen waren es nur noch sechs Theater, aber 69 Kinos. Zwei von drei Einwohnern, so wollen Kulturhistoriker ausgerechnet haben, gingen zu dieser Zeit jede Woche mindestens einmal in ein Lichtspieltheater.

Zwar dämpfte das Fernsehen in der zweiten Hälfte des vorigen Jahrhunderts die Lust am abendlichen Kneipengang oder am Theater-, Konzert- oder Kinobesuch. Spätestens mit der Jahrtausendwende und dem Aufkommen **neuer Amüsiermeilen** rund um das Albert Dock 1, um

059lp Abb.: gs

Hope-, Duke- und Wood Street aber hatte Liverpool seine alte Feierlaune wiedergefunden.

In immer neuen Clubs und Bars schlägt die sich nieder, vor allem auch im Bau vieler neuer Hotels, die den Nachtschwärmern am Wochenende Unterschlupf bieten.

Zentrale Vergnügungsachsen sind die Gegenden um Wood Street [K–L11], Mathew Street [J10] und Seel Street [K11], wo sich die Clubs und Bars ballen. Auch das sogenannte **Baltic Triangle**, die Gegend um Park Lane [J11–K12] und St. James Street [K12–L13], sowie das **Albert Dock** 1 ziehen manchen Nachtschwärmer an. Besonders hoch geht es in Eberle Street [J10] und Stanley Street [J10] her, wo der Puls erst nach Mitternacht richtig auf Touren kommt. Stanley Street ist das Herz von Liverpools **Pride Quarter**, dem zentralen Treff der LGBT-Community. Dragqueens verleihen hier manchem Club seine eigene Note. Eberle Street ist Liverpools härtester Kiez, wo die letzten bis frühmorgens ihren Durst stillen – oder auf dem Pflaster vor den Kneipentüren schon längst eingeschlummert sind.

Pubs – Treffpunkte der Generationen

Englands populärste Freizeittreffs sind nach wie vor die *Public Houses*, kurz *Pubs* genannt. Für viele Briten sind sie **eine Art zweites Wohnzimmer**, ein Ort zum Plausch mit Nachbarn, Arbeitskollegen, Freunden und Verwandten. Nur Kinder unter 14 Jahren haben offiziell im Pub nichts zu suchen, weshalb manche Gaststätten sogenannte *Family Rooms* eingerichtet haben, in denen auch die jüngsten Familienmitglieder Einlass finden. Früher wurden die Pubs ge-

Wir müssen draußenbleiben

Man sollte wissen, dass **Hunde** gewöhnlich nicht mit in den Pub dürfen. Allerdings signalisieren Schilder mit der Aufschrift „Dog Friendly", dass Gäste dort ihren vierbeinigen Freund mitnehmen können. Über hundefreundliche Pubs in Großbritannien informiert die Website www.doggiepubs.org.uk.

Im Cavern Quarter sorgt die Polizei vor allem am Wochenende dafür, dass das Nachtleben nicht aus dem Ruder läuft

nerell um 23 Uhr dicht gemacht, weshalb sich mancher Pubbesucher kurz vorher noch zum Sturztrunk veranlasst sah. Inzwischen sind allen Gaststätten, zumindest denen, die nicht in einem Wohngebiet liegen, auch längere Öffnungszeiten erlaubt.

Im klassischen Pub gibt es keine Bedienungen. Deshalb gilt es, immer **am Tresen zu bestellen:** ein *Pint* zum Beispiel (ausgesprochen: Paint), was etwa einem halben Maß entspricht, oder ein *Half-a-Pint.* Dabei sollte man auch die Biersorte nennen, denn nur „ein Bier“ zu bestellen, gilt als unhöflich und verrät, dass man nicht aus Großbritannien stammt.

In der Regel unterscheidet man grob drei Sorten **Bier**: *Ale, Stout* und *Lager.* Das speziell gezapfte *Real Ale* hat in der Regel fast keinen Schaum – und ist gewöhnlich auch längst nicht so kühl wie sonst in Europa. *Stout* ist ein etwas alkoholreicheres, obergäriges und tief dunkles Bier mit fester Schaumkrone. Geschmacklich von Kontinentaleuropa beeinflusst ist das sogenannte *Lager,* das gefiltert und pasteurisiert wird und deshalb auch deutlich teurer ist als das obergärige Bitter-Bier.

Übrigens muss es nicht immer Bier sein: Wer will, kann auch mal *Cider* probieren, den englischen Apfelwein, der deutlich mehr Alkoholgrade aufweist als das deutsche Pendant. Auch Wein gibt es inzwischen im Pub, dessen Qualität aber nicht immer mit den Preisen Schritt hält.

Gezahlt wird im Pub gleich am Tresen, beim Wirt, der Wirtin oder ihren Helfern, die kein Trinkgeld erwarten. Ärgerlich können sie jedoch werden, wenn Gruppen ihre Getränke einzeln bezahlen. Deshalb ist es ratsam, wenn jeder jeden abwechselnd zu einem Drink einlädt. Spätestens aber wenn es laut „Last Orders“ heißt, sollte die letzte Bestellung am Tresen eingehen.

Schöne Pubs sind in Liverpool in der ganzen Stadt verteilt. Einige wie die Philharmonic Dining Rooms sind längst Touristenattraktionen. Die stimmungsvollsten liegen deshalb etwas abseits der touristischen Routen wie Belvedere Arms oder Peter Kavanagh's Pub im Künstler- und Studentenviertel Hope Street 18.

Bars und Clubs kosten manchmal Eintritt, vor allem samstags, dem wichtigsten Tag im Nachtleben der Stadt. Gewöhnlich liegt der Eintritt bei 10 bis 20 £, teurer ist es in den angesagten Clubs, wo prominente DJs auflegen oder gar Livemusik gespielt wird. Eine hilfreiche Website für Nachteulen ist www.anightinliverpool.com.

Smoker's Guide

In Großbritannien gilt **ausnahmslos ein allgemeines Rauchverbot,** das streng eingehalten wird. Rauchen ist an allen öffentlichen Plätzen, in allen öffentlichen Einrichtungen und an Arbeitsplätzen verboten. Dies gilt auch für Bahnhöfe und weitgehend geschlossene Bushaltestellen. Selbst auf der Straße ist Rauchen inzwischen nicht gern gesehen.

Erlaubt ist das Rauchen nur in privaten Räumen und eigens ausgewiesenen Hotelzimmern. Gastronomische Einrichtungen haben häufig einen **für Raucher reservierten Außenbereich.**

Gastro- und Nightlife-Areale

Bläulich hervorgehobene Bereiche in den Karten kennzeichnen Gebiete mit einem dichten Angebot an Restaurants, Bars, Clubs, Discos etc.

Bars und Pubs

54 [L11] **Alma de Cuba,** St. Peter's Church, 90 Seel Street, L1 4BH, Tel. 4593449, www.alma-de-cuba.com, Fr. 14–2, Sa. 14–3, So. 11–23 Uhr. Schicke Restaurant-Bar in einem der ältesten Liverpooler Gotteshäuser. Glasfenster und Altar hat man ebenso wie die Kapelle in den Gastronomiebetrieb integriert. Samstags gibt es von 14 bis 16 Uhr Afternoon Tea mit Sambamusik und -tanz.

55 [M12] **Belvedere Arms,** 5 Sugnall Street, L7 7EB, Tel. 7090303, www.facebook.com/belvedereliverpool, tgl. 12–24 Uhr. Bei den Einheimischen beliebter Pub im Künstler- und Studentenviertel Hope Street: Bier vom Fass und vor allem viele Sorten Gin.

56 [L12] **Berry and Rye,** 48 Berry Street, L1 4JQ, Tel. 3457271, www.berryandrye.uk, Mo.–Do. 19–1, Fr. 17–2, Sa. 12–2, So. 17–1 Uhr. Hinter einer schweren Tür verbirgt sich eine Oase für alle, die Gin und Whiskey, Blues und Jazz mögen. Hin und wieder gibt es Livemusik.

57 [N13] **Peter Kavanagh's Pub,** 2–6 Egerton Street, L8 7LY, Tel. 7093443, tgl. 12–24 Uhr. Wunderschöner Bilderbuch-Pub mit vielen schrägen Gestalten abseits der Touristenpfade – Liverpool, wie es leibt und lebt. Innen sieht es fast noch immer so aus wie bei der Eröffnung vor knapp einem Jahrhundert.

58 [M11] **Philharmonic Dining Rooms,** 36 Hope Street, L1 9BX, Tel. 7072837, www.nicholsonspubs.co.uk, Mo.–Do. 11–23, Fr., Sa. 11–24, So. 11–22.30 Uhr. Manchen gilt er als der schönste Pub in der Stadt. Sein viktorianisches Ambiente vergisst man so schnell nicht, leider touristisch über-

MEIN TIPP

Fußballkneipen

Fußball ist am Wochenende das Lebenselixier der Liverpooler. Wer keine Karte für ein Spiel der Reds oder Blues (s. S. 50) bekommt, geht dann in eine der *sportsbars,* wo Hunderte die Spiele gemeinsam schauen – zum Beispiel in einer der folgenden Kneipen:

59 [K11] **Einstein Bier House,** Concert Square, 26 Fleet Street, L1 4AN, www.einsteinbierhaus.co.uk, Mo.–Do. 16–3, Fr., Sa. 12–4, So. 12–3 Uhr

60 [J11] **The Bierkeller Shooters Bar,** 6 Thomas Steers Way (in Liverpool One 15), L1 8LW, www.thebierkeller.com, Mo.–Do. 12–1, Fr. 12–2, Sa. 11–2, So. 11–1 Uhr

61 [I12] **The Long Shot,** Unit 3, Britannia Pavilion, Albert Dock, L3 4AD, www.thelongshot.bar, Mo.–Fr. 12–24, Sa., So. 10–24 Uhr

064lp Abb.: gs

Eine Kirche als Bar und Restaurant – im Alma de Cuba wird heute gespeist und getrunken

Binge Drinking – saufen bis zum Umfallen

„Binge Drinking“ ist ein typisch englisches Wort, das dem Cockney-Dialekt entstammt. Dahinter verbergen sich in der Regel **kollektive Massenbesäufnisse,** teilweise auch Kampftrinken mit Wettbewerbscharakter.

Als „Komasaufen“ kennt man das Phänomen auch in Deutschland. Doch während in den deutschsprachigen Ländern exzessiver Alkoholgenuss gesellschaftlich normalerweise verpönt ist, müssen sich englische Jugendliche damit abfinden, von vielen ihrer Freunde und Bekannten schief angesehen zu werden, wenn sie einen Bogen um die Wochenendbesäufnisse machen. Studien schätzen die Zahl der Binge Drinker in Liverpool auf 70.000–80.000. Die Kosten für die medizinische Behandlung Alkoholabhängiger sollen über 200 Millionen Pfund jährlich ausmachen.

Auch Liverpools Amüsiermeilen zeigen sich an den Wochenenden hin und wieder mehr feucht als fröhlich, hat doch der Suff in der alten Hafenstadt eine **lange Tradition.** Schon zu viktorianischer Zeit betranken sich Männer und Frauen mehr oder minder regelmäßig, was sich damals auch in der Kriminalstatistik spiegelte. So rangierten in der zweiten Hälfte des 19. Jahrhunderts Arreste wegen Trunkenheit an der Spitze aller Vergehen. Selbst moralische Instanzen wie die Kirche tolerierten den Alkoholgenuss, gestanden Hafenarbeitern mindestens fünf Liter Bier als tägliche Ration zu.

Es ist daher kein Wunder, dass Liverpool im ganzen Land **für seine Säufer berüchtigt** war. Ende des 19. Jahrhunderts versuchten die Sicherheitsbehörden deshalb, die Ausschankzeiten, die teils bis in den frühen Morgen dauerten, zu begrenzen – mit mäßigem Erfolg. Auch wenn der Alkoholkonsum in England zeitweise zurückging, hatte Liverpool immer in etwa die doppelte Anzahl an Alkoholleichen und Promilletätern als andere englische Städte zu verzeichnen.

Früher erklärte man sich den Wochenendsuff mit der schweren körperlichen Arbeit im Hafen. Dockarbeiter erstickten im Rausch die Qualen eines nicht selten zwölf Stunden langen Arbeitstages. Heute helfen diese Erklärungsmuster wenig, um das feuchtfröhliche Treiben zu deuten. Inzwischen gehört das Trinken nämlich zur Geselligkeit, welche die Liverpudlians nicht nur am Wochenende pflegen.

Übrigens: In England wird häufig **deutlich schneller getrunken** als in Deutschland, Österreich oder der Schweiz. Für die Rettungsfahrzeuge heißt das am Wochenende Hochbetrieb, für die Polizei, die sich inzwischen auf das Binge Drinking eingestellt hat, besondere Vorsicht.

In vielen Problemgebieten Liverpools ist der öffentliche Alkoholgenuss deshalb ganz verboten, Schilder warnen die Trinker. Vor allem entlang der Amüsiermeilen wie rund um die Seel Street finden sich diese Verbotstafeln, die für den öffentlichen Alkoholgenuss Strafen bis zu 500 Pfund vorsehen. Auch **in Liverpools Fußballstadien** ist der Bierausschank beschränkt. Kurz vor und während des Spiels darf dort gar kein Alkohol ausgeschenkt werden.

Einen Rat hat die Polizei für auswärtige Besucher: Wer spät abends unterwegs ist, sollte Randalierern und Krawallmachern immer elegant aus dem Weg gehen.

131lp Abb.: gs

laufen. Viele Besucher kommen freilich nur wegen der Herrentoilette, die als die schönste Englands gilt.

62 [K11] **The Globe,** 17 Cases Street, L1 1HW, Tel. 7070067, www.theglobe.pub, Mo.-Sa. 11-23, So. 12-22.30 Uhr. Im 1888 erbauten Pub sieht es noch immer ein bisschen aus, als sei die Zeit stehen geblieben. Vom Fass kommt auch Weißbier aus Deutschland und Musik aus den 1950er- und 1960er-Jahren vom Band.

63 [L11] **The Roscoe Head,** 24 Roscoe Street, L1 2SX, Tel. 7094365, www.roscoehead.co.uk, Mo., Di. 11.30-23, Mi.-Sa. 11.30-24, So. 12-24 Uhr. Der 1870 gegründete, traditionell englische Pub ist fast mehr Wohnzimmer als Gasthaus und bietet Bier vom Fass.

64 [L11] **The Shipping Forecast,** 15 Slater Street, L1 4BW, Tel. 7096901 www.theshippingforecastliverpool.com. So.-Do. 12-23, Fr./Sa. 12-2 Uhr. Musikkneipe mit viel Livemusik – vor allem am Wochenende.

65 [J10] **White Star Pub,** 2-4 Rainford Gardens, www.facebook.com/whitestar.matthewst, Mo.-Mi. 11-20, Do.-So. 11-22 Uhr. In diesem legendären Pub waren einst schon die Fab Four zu Gast.

Mein Tipp

The Brink: alkoholfreie Bar

Mit Tee und alkoholfreien Cocktails lockt Liverpools erste alkoholfreie Bar. Angeboten werden auch Frühstück und warme Gerichte wie Veggie-Burger oder Fish 'n' Chips. Auch nüchtern Spaß machen die Livekonzerte, Kinoabende und TV-Fußball. Der erwirtschaftete Gewinn kommt der Betreuung von Alkoholikern zugute.

67 [L11] **The Brink,** 15-21 Parr Street, L1 4JN, Tel. 7030582, www.facebook.com/TheBrinkLiverpool, Mo.-Fr. 10-16 Uhr

Clubs, Discos & Co.

66 [K13] **24 Kitchen Street,** 24 Kitchen Street, L1 0AN, Tel. 07736 347723, www.facebook.com/24kitchenstreet, Mi.-Sa. 21-4 Uhr. Im viktorianischen Gebäude im Szeneviertel Baltic Triangle sind jetzt elektronische Musik und Kunst

Liverpools Nachtleben ist oft laut und alkoholschwer wie hier im Cavern Club (s. S. 74), wo täglich Livemusik geboten wird

Bier ist nicht gleich Bier

- **Barley Wine:** extra starkes Bier
- **Bitter:** dunkles Fassbier (obergärig und bitter)
- **Brown Ale:** süß, kräftig, dunkel
- **Light Ale (Lager):** hell, schäumend
- **Mild:** dunkel
- **Real Ale:** auf traditionelle Weise hergestelltes und kohlensäurearm gezapftes Bier
- **Stout:** Starkbier – Guinness (bitter), Mackeson (süß)

072lp Abb.: gs

zu Hause. Am Wochenende manchmal Livekonzerte und Tanz bis zum Morgengrauen.

68 [K11] **54 Liverpool,** 19–21 Seel Street, L1 4AU, Tel. 07710 691179, www.54liverpool.co.uk, Fr., Sa. 20–3, So. 18–0.30 Uhr. Tanzclub für Teens und junge Twens mit aktuellen Charthits.

69 [K13] **Camp and Furnace,** 67 Greenland Street, L1 OBY, Tel. 7082890, www.campandfurnace.com, Fr./Sa. ab 19 Uhr. Sehr beliebtes Party-, Konzert- und Freizeitzentrum in einem alten Warenhaus, Livemusik, Bingo oder Stand-up-Comedy am Wochenende.

70 [K11] **Electrik Warehouse,** 16 Wood Street (Eingang Seel Street), L1 4AQ, Tel. 3516704, www.electrikliverpool.co.uk, Do., Fr. 22–4, Sa. 22–5 Uhr. Drei Stockwerke, drei Bars und in jeder Etage eine andere Musikrichtung – von Rock und Indie bis zu den Klassikern des Pop. Viel junges Publikum, kaum Touristen.

71 [J10] **The Cavern Club,** 10 Mathew Street, L2 6RE, Tel. 2361965, www.cavernclub.com, So.–Mi. 11–24, Do., Fr. 11–1, Sa. 11–2 Uhr. Die Neuauflage des legendären Beat-Clubs der 1960er-Jahre ist noch immer einer der bekanntesten Liverpooler Clubs. Vor allem Beatles-Nostalgiker kommen hier auf ihre Kosten, spielen doch täglich Livemusiker die Klassiker der Fab Four.

72 [L11] **The Zanzibar Club,** 43 Seel Street, L1 4AZ, Tel. 3052424, www.zanzibarclub.co.uk, Do.–So. ab 19 Uhr. Viele lokale Talente haben in dem inzwischen in die Jahre gekommenen Underground-Club erstmals ein größeres Publikum gefunden, Gruppen wie The Coral oder The Zutons hatten hier erste Auftritte.

Kino

73 [J11] **Odeon,** Liverpool One, 14 Paradise Street, L1 8JF, www.odeon.co.uk. Großes Kinozentrum mit mehr als einem Dutzend Sälen und IMAX-Leinwänden.

74 [L11] **Picturehouse @ FACT,** 88 Wood Street, L1 4DQ, www.picturehouses.com. Experimental- und Szene-Kino in der Innenstadt, hat oft auch Mainstream-Filme im Programm.

Theater und Konzerte

Liverpools Theater können sich sehen lassen und hier machten Schauspieler wie Rex Harrison, Rita Tushingham oder Jimmy McGovern Karriere.

Das **Playhouse** und das **Everyman Theatre** stehen für Inszenierungen von Rang, die immer wieder mit Preisen bedacht wurden. Und auch auf Tourneen sind Liverpooler Inszenierungen geschätzt. Den beiden Bühnen kommen nicht nur ihr Erfahrungsschatz zugute, sondern auch die künstlerische Kraft der Universitätsmetropole, die immer wieder neue Autoren hervorbringt.

Neben den beiden großen Bühnen sorgen auch ein paar kleinere für abendliche Abwechslung, Theater, die ihr Programm zum Teil ganz auf Studenten eingestellt haben. So wie das **Unity Theatre**, das häufig neue Talente aus dem Liverpool Institute for Performing Arts (LIPA) präsentiert.

Comedy vom Feinsten ist im **Royal Court Liverpool** zu Hause. Im **Slaughter House** wird Stand-Up-Comedy groß geschrieben.

Mehr und mehr in Mode kommen auch Theaterinszenierungen an ungewohnten Spielorten, in alten Werften oder Tunnelanlagen. So gehören Theaterspektakel im **Williamson Tunnel Heritage Centre** – einem weitverzweigten unterirdischen System, das der exzentrische Tabak-Millionär Joseph Williamson im 19. Jahrhundert anlegen ließ – zu den besonderen Tipps für Theatergänger im Sommer.

Inzwischen verfügt Liverpool auch über eine große Mehrzweckhalle. Mit rund 11.000 Sitzplätzen ist die **M&S Bank Arena Liverpool** der richtige Rahmen für die Auftritte der ganz Großen im Showgeschäft, die um die Stadt früher oft einen Bogen gemacht haben. Aber auch Sportler und Artisten sowie Musical-, Theater- und Operngrößen machen hier inzwischen durchaus gern Station. Im Jahr 2023 beherbergte die Arena den **Eurovision Song Contest.** Eigentlich hätte dieser in der Ukraine stattfinden sollen, was jedoch aufgrund des russischen Angriffskriegs nicht möglich war, sodass Großbritannien, das im Vorjahr den zweiten Platz belegt hatte, einsprang.

Nostalgisch präsentiert sich das **Empire Theatre** mit seinen 2400 Samtsitzen und Brokatvorhängen – Liverpools Traditionsbühne, die sich gern mit Londons Royal Albert Hall vergleicht. Hier sind vor allem Musicals und große Shows zu Hause.

In einer ehemaligen Methodistenkirche in der Renshaw Street ist mit **The Dome Grand Central Hall** ein viktorianisch anmutender Konzert- und Theatersaal mit bis zu 1000 Sitzplätzen und einer riesigen Konzertorgel entstanden. **Olympia** heißt ein alter Ballsaal im Norden der Stadt.

Musik aller Art wird im **Capstone Theatre** im Universitätsviertel gepflegt. In dem kleinen Haus mit seinen 250 Sitzplätzen ist außerdem das International Jazz Festival Liverpool (s. S. 88) zu Hause.

Großes Renommee genießt die **Philharmonic Hall** 19, die Heimstatt des Royal Liverpool Philharmonic Orchestra. Hier gastieren auch gern Tributebands, weltbekannte Solisten aus Klassik und Pop sowie Weltmusiker.

Kammermusiker sind besonders gern im kleinen Konzertsaal der **St. George's Hall** 9 zu Gast, deren Akustik sie zu schätzen wissen.

75 [M9] **Capstone Theatre,** Hope University, 17 Shaw Street, https://capstone.hope.ac.uk

76 [L10] **Empire Theatre,** Lime Street, www.facebook.com/LiverpoolEmpire

77 [M11] **Everyman Theatre,** 5–11 Hope Street, www.everymanplayhouse.com

19 [M12] **Liverpool Philharmonic Hall,** Hope Street, L 1 9BP, www.liverpoolphil.com

78 [K10] **Liverpool Playhouse Theatre,** Williamson Square, www.everymanplayhouse.com

79 [I12] **M&S Bank Arena Liverpool,** 16 Monarchs Quay, www.mandsbankarena.com

80 [L10] **02Academy,** 11–13 Hotham Street, L3 5UF, https://academymusicgroup.com/o2academyliverpool

81 [O8] **Olympia,** West Derby Road, www.liverpoololympia.co.uk

82 [K10] **Royal Court Liverpool,** 1 Roe Street, www.royalcourtliverpool.co.uk

9 [K10] **St. George's Hall,** St. John's Lane, www.stgeorgeshallliverpool.co.uk

83 [L11] **The Dome Grand Central Hall,** 35–45 Renshaw Street, Tel. 3453940

84 [I10] **The Slaughter House,** 13–15 Fenwick Street, https://slaughterhouseliverpool.co.uk

85 [M12] **Unity Theatre,** 1 Hope Place, www.unitytheatreliverpool.co.uk

Kasino

•86 [K13] **Grosvenor Casino Leo,** 44 Chaloner Street, Queens Dock, L3 4BF, Tel. 7098878, www.grosvenorcasinos.com. Wer Poker, Roulette oder Black Jack liebt, ist in dem modernen Casino direkt am Queens Dock richtig. Im Restaurant lässt es sich fein tafeln – und über das Restgeld freuen sich die Spielautomaten. Geöffnet ist übrigens rund um die Uhr.

Was, wo, wann?

- www.liverpooltheatres.com – Online-Führer durch Liverpools Theaterlandschaft
- https://ticketquarter.co.uk – Onlineplattform für Konzerttickets
- www.visitliverpool.com/whats-on – übersichtlicher und aktueller Veranstaltungskalender

132lp Abb.: gs

162lp Abb.: gs

Liverpool zum Stöbern und Shoppen

Shop 'till you drop – Einkaufen bis zum Umfallen? Kein Problem in Liverpool! Milliarden Pfund werden in der Stadt inzwischen umgesetzt, was Liverpool vor allem dem riesigen Einkaufszentrum Liverpool One (15)*, einem 28 Fußballfelder großen Areal mit über 150 Läden, Hotelanlagen und Freizeitzentren, Cafés, Kinos, Bars und Restaurants, verdankt. Millionen Besucher zählt die Ladenstadt jährlich, in der sich an manchen Tagen fast 100.000 Besucher drängen.*

Während die meisten Geschäfte in Liverpool früher ab 17 Uhr geschlossen hatten und die Innenstadt dann mehr oder minder verwaist war, wird jetzt bis in die Abendstunden geshoppt. Alle wichtigen Geschäfte, große Warenhäuser und kleine Boutiquen finden sich in der Stadt – von Marks & Spencer bis John Lewis.

Liverpool One (15) ist ein eigenes Stadtviertel mit Straßen und künstlichen Parkanlagen, Shops und großen Kaufhäusern, Hotels, Kinos, Freizeitzentren, Restaurants, Cafés – und 3000 Parkplätzen. Hier findet sich eigentlich alles, was der Shoppingsüchtige sucht: Klamottenläden für jeden Geschmack und Geldbeutel, Schuhgeschäfte und Trendboutiquen. Und damit das Shoppen nicht zur Qual wird, laden Cafés und Restaurants zum Zwischenstopp. Wer will, kann hier sogar ins Kino gehen oder Minigolf spielen.

Liverpool One ist aber auch ein Spiegel aktueller Einkaufstrends. Das zeigt sich etwa am Waren-

Das Everyman Theater in der Hope Street gilt als architektonisches Juwel

Beatles-Souvenirs finden sich überall in der Stadt, sind oft aber mehr Kitsch als Kunst

Öffnungszeiten

Feste Ladenschlusszeiten kennen auch die Engländer längst nicht mehr, Angebot und Nachfrage regeln den Markt. Gewöhnlich haben die **Läden in der Innenstadt** werktags zwischen 9 und 18 Uhr geöffnet. Das bedeutet aber auch, dass viele Geschäfte früher öffnen und später schließen – etwa das Einkaufszentrum Liverpool One 15, wo die meisten Geschäfte erst um 20 Uhr schließen. Einige **Lebensmittelketten** haben bis spät in die Nacht geöffnet, ganz wenige rund um die Uhr. Allerdings soll ab 23 Uhr kein Alkohol mehr verkauft werden. Ihre eigenen Ladenschlusszeiten haben auch die **kleinen Läden** der Immigrantenfamilien, die sich ganz ihrer Kundschaft angepasst haben.

Auch **Samstags** sind die Geschäfte in der Regel von 9 bis 18 Uhr geöffnet. **Sonntags und an Feiertagen** dürfen Läden sechs Stunden öffnen, was meist Öffnungszeiten zwischen 12 und 18 Uhr bedeutet. Einmal in der Woche, meist donnerstags, haben viele Geschäfte abends länger auf. Auch in den Tagen vor Weihnachten oder Ostern werden die Ladenschlusszeiten gewöhnlich verlängert. Fallen Weihnachten oder Neujahr auf ein Wochenende, ist der folgende Werktag arbeitsfrei.

Shoppingareale

Die wichtigsten Shoppingbereiche der Stadt sind im Kartenmaterial mit einer rötlichen Fläche markiert.

haus Marks & Spencer, das nicht mehr nur mit dem üblichen Warenhaussortiment punktet, sondern seit Neustem auch mit riesigen Lebensmittelabteilungen.

Zu den klassischen Liverpooler Einkaufsstrassen gehört die **Bold Street** [K/L11], in der v. a. Shopping-Individualisten auf ihre Kosten kommen, also alle, die in kleinen Geschenklädchen nach trendigen Souvenirs suchen oder in den Vintageläden nach Herzenslust stöbern wollen. Geschäftiger geht es in der anschließenden **Church Street** [K11] und der **Lord Street** [J11] zu, in denen viele Modeketten zu Hause sind, ebenso im **Met Quarter**, wo Markenartikler ihre Boutiquen haben.

Typische **Liverpool-Souvenirs** gibt es wenige, vielleicht ein Beatles-T-Shirt oder ein Trikot der Liverpooler Kicker. Die passenden Fan-Shops finden sich nicht nur im Einkaufszentrum Liverpool One 15, sondern auch anderswo in der Stadt. Viele schöne Geschenke halten die Museumsshops bereit. So gibt es in den beiden Kathedralen CDs mit Aufnahmen der großen Liverpooler Kirchenchöre, im Beatles-Museum alte Aufnahmen der Fab Four. Wer Sinn für Kunst hat oder einfach etwas Ausgefallenes sucht, wird hier sicher fündig. Wer kunsthandwerkliche Qualität sucht, ist im **Bluecoat Arts Centre 14** und seiner unmittelbaren Umgebung am richtigen Ort.

Vergessen Sie aber bitte nicht: England ist **kein preiswertes Einkaufsland.** Zudem sind mit dem Brexit viele Vergünstigungen weggefallen – z. B. können sich jetzt auch Schweizer Bürger die gezahlte Mehrwertsteuer beim Einkauf in Liverpools Läden nicht mehr erstatten lassen. Allerdings ist die Auswahl und das Angebot an modischem Zubehör dafür mehr als umfangreich.

› Liverpool One 15 ist eines der größten britischen Einkaufszentren

090lp Abb.: gs

Einkaufszentren

87 Cheshire Oaks Designer Outlet, Kinsey Rd, Ellesmere Port CH65 9JJ, Tel. 3485600, www.mcarthurglen.com/en/outlets/uk/designer-outlet-cheshire-oaks, Mo.–Sa. 9–21, So. 10–18 Uhr. 140 Outlets von Armani über Boss, Burberry, Diesel, Fossil, Jack Wolfskin und Gant bis Timberland. Fünf Gehminuten vom Bahnhof Ellesmere Port entfernt.

15 [J11] **Liverpool One.** 5 Wall Street (Büroadresse), L1 8JQ Liverpool, Tel. 2323100, www.liverpool-one.com, Mo.–Fr. 9–20, Sa. 9–19, So. 11–17 Uhr. Liverpools größtes Einkaufszentrum.

88 [J10] **Metquarter,** 35 Whitechapel, L1 6DA, Tel. 2242390, www.metquarter.com, Mo.–Fr. 9.30–18, Sa. 9.30–17, So. 11–17 Uhr. Durchgestyltes Einkaufsquartier mit vielen lokalen Anbietern und einer großen Lebensmittelhalle, es gibt aber auch Ruhezonen und ein Kino.

89 [K10] **St. John's Shopping Centre,** St. George's Way, L1 1LY, Tel. 7090916, www.stjohns-shopping.co.uk, Mo.–Mi., Fr., Sa. 9–18, Do. 9–19, So. 11–17 Uhr. Rund 100 Geschäfte sind hier vereint. Die Liverpudlians schätzen das Zentrum v. a. wegen der vielen Fast-Food-Restaurants.

Ausgefallene Einkaufsideen

90 [K11] **Bluecoat Display Centre,** Eingang 50 College Lane, L1 3B2, www.bluecoatdisplaycentre.com, Mo.–Sa. 10–17.30, So. 12–17 Uhr. Ausgesuchte Kunsthandwerksarbeiten von über 350 meist britischen Künstlern. Viel Glas und Keramik, kein Kitsch!

91 [L10] **Henry Bohn Books**, 12 London Rd, L3 5NF, Tel. 7094501, www.henrybohnbooksliverpool.co.uk, Mo.–Sa. 11–18 Uhr. Ein Secondhandladen über zwei Stockwerke. Jazz und Klassik auf CD und Schallplatte, vor allem aber zahllose antiquarische Bücher.

MEIN TIPP

Red Brick Market – Ausgefallenes in einer alten Brauerei

Eine alte Brauerei mit roten Backsteinmauern ist die Kulisse eines großen Marktes, der mehr als 50 Geschäfte vereint. Von Trödel bis zum handgemachten Souvenir gibt es hier alles. Als Verkäufer agieren meist lokale Künstler und kleine Start-ups. So betrachtet ist der Red Brick Market das Gegenstück zu Liverpoool One 15, dem Megaseller in der Stadt.

101 [L14] **Red Brick Market Liverpool,** Stanhope Street (Cains Brewery), L8 5RE, Tel. 4588111, https://redbrickmarkets.co.uk, Mo.-Sa. 10-18, So. 11-18 Uhr

92 [K11] **Jacaranda Records & Phase One,** 40 Seel Street, L1 4BE, Tel. 3631294, www.jacarandarecords.com/phaseone, Plattenladen: tgl. 10-18, Bar: tgl. 15-1 Uhr. Tausende von alten und neuen Schallplatten.

93 [L11] **News From Nowhere,** 96 Bold Street, L1 4HY, Tel. 7087270, www.newsfromnowhere.org.uk, Mo.-Sa. 10-17.30, So. 11-17 Uhr. Von einem weiblichen Kollektiv geführter Buchladen mit viel feministischer und gesellschaftskritischer Literatur.

94 [L11] **Oxfam Liverpool**, 35-37 Bold Street, L1 4DN, Tel. 7096739, www.oxfam.org.uk, Mo.-Sa. 9.30-16.30 Uhr. Liverpooler Zweigstelle des internationalen Secondhandladens, dessen Erlöse Notleidenden zugutekommen.

95 [K11] **Probe Records,** 1 The Bluecoat, School Lane, L1 3BX, Tel. 7088815, Mo.-Sa. 12-18, So. 12.30-16.30 Uhr. Alteingesessener Plattenladen mit fachkundigem Personal, zu dem einst auch Musiker wie Paul Rutherford (Frankie goes to Hollywood) gehörten.

96 [J10] **The Beatles Shop,** 31 Mathew Street, L2 6RE, Tel. 2368066, www.thebeatleshop.co.uk, Mo.-Sa. 9.30-17.30, So. 10.30-16.30 Uhr. Hier findet man Beatles-Souvenirs für jeden Geschmack und Geldbeutel, die allerdings manchmal andernorts preiswerter sind.

Bauernmärkte

Wie jede Großstadt hat auch Liverpool ein paar kleinere Märkte, auf denen die Bauern der Umgebung ihre Waren anbieten – gewöhnlich zwischen 9 und 14 Uhr.

97 [X15] **Garthdale Road Market,** Allerton Road (nahe Barclays Bank), jeden 3. Samstag im Monat

98 [Q16] **Lark Lane Farmers Market,** Lark Lane, Aigburth, jeden 4. Samstag im Monat

99 [N10] **University Square Market,** Brownlow Hill und Peach Street, jeden 2. Donnerstag im Monat

100 [e18] **Woolton Village Farmers Market,** Allerton Road, Woolton, jeden 2. Samstag im Monat

Originalton

„Liverpool ist noch immer eine junge Stadt und hat wahrscheinlich noch nicht alle Standortvorteile genutzt. Von allen großen Städten in der Welt gibt es keine, die so ausschließlich auf Handel ausgerichtet ist. Jedes Haus in Liverpool ist entweder eine Buchhaltung, ein Warenhaus, ein Geschäft oder ein Haus, in dem so oder so mit irgendetwas gehandelt wird".

Deutscher Liverpool-Besucher in den frühen 1840er-Jahren

133lp Abb.: ©Giancarlo Liguori, stock.adobe.com

Liverpool zum Durchatmen

Über 2500 Hektar Parkgelände schmücken die Stadt: fast 50 Parks, Gärten und Landsitze – Anlagen, die früher zu einem Großteil in Privatbesitz waren. Ein paar Grünflächen finden sich direkt im Stadtzentrum, die meisten aber ein paar Busminuten außerhalb der City. Liverpools grüne Lungen sind noch heute vor allem im Sommer beliebte Plätze zum Träumen und Entspannen.

Besonders ins Herz geschlossen haben sie die vielen Zehntausend Studenten, die hier im Sommer mit Büchern auf Picknickdecken liegen und so jedem zeigen, wie schön ein Studium in Liverpool sein kann. **Hundefreunde** können ihre Vierbeiner an der Leine in den Großteil der Gärten und Parks mitnehmen, nicht jedoch in die Hallen der Herrenhäuser. Wer will, kann in den vielen Seen und Teichen der Parks auch **angeln**, braucht dazu aber eine Erlaubnis (https://liverpool.gov.uk/parks-and-greenspaces/angling).

Schon 1767 wurde Liverpools erster öffentlicher Park mit dem „Mount Zion" geschaffen, wo heute die anglikanische Kathedrale 16 steht. Das Herz des Parks war ein Rundweg mit Blick auf den Mersey, eine Oase der Ruhe weit weg vom damals geschäftigen Hafenviertel. Im frühen 19. Jahrhundert forcierten Privatleute die Errichtung weiterer Grünanlagen. Aber erst in der zweiten Hälfte des 19. Jahrhunderts wurden die großen viktorianischen Parks errichtet, die Liverpool bis heute prägen. Mit dem **Wavertree Botanic Garden** und anderen Grünflächen kamen dank großzügiger Grundstücksschenkungen und Stiftungen weitere Flächen hinzu.

Zwischen den Stadien der großen Liverpooler Fußballclubs liegt der 45 Hektar große Stanley Park (s. S. 84)

Ein großer Garten umgibt auch **Speke Hall**, eines der beliebtesten Ausflugsziele vor den Toren der Innenstadt. Im Mittelpunkt des Areals, zu dem auch eine Farm gehört, steht ein anno 1530 erbautes Tudor-Haus mit reich dekoriertem Fachwerk. Einige Zimmer sind noch wie damals üblich möbliert, in anderen überwiegt der viktorianische Stil.

Ein altes Herrenhaus dominiert auch eine andere Liverpooler Ausflugsstätte, **Croxteth Hall and Country Park**, knapp zehn Kilometer vom Stadtzentrum entfernt und als Filmkulisse sehr begehrt. Ein riesiges Gelände mit Bäumen, Flüssen, Teichen, Gärten und Wiesen, das jährlich Hunderttausende von Besuchern anlockt. Für sie organisiert die Gartenverwaltung Jahr für Jahr ein buntes Sommerprogramm: Musik- und Tanzveranstaltungen, aber auch Seminare, in denen man die Natur besser kennenlernen kann. Mehr als Tausend Liverpudlians nutzen den Park zudem Tag für Tag, um ihre Fellnasen auszuführen.

Noch immer ein Blickfang dieser Anlage ist die *Historic Hall,* ein großes Landhaus aus edwardianischer Zeit. Gelegentlich führen Spezialisten in zeitgenössischen Kostümen durch die historischen Gemäuer, in denen auch gern Hochzeit gefeiert wird. Hin und wieder finden kleine Kammerkonzerte statt. Kinder fühlen sich auf der Farm des Parks wohler, wo es Lämmchen, Ziegen, Pferde und andere Tiere zum Anfassen gibt.

Wie Croxteth stehen die meisten der alten Grünanlagen heute unter Denkmalschutz. Auch der knapp 100 Hektar große **Sefton Park**, den ein Liverpooler Architekt zusammen mit einem Pariser Gartengestalter entwarf. Als „Liverpools Hyde Park" spielte er damals auf sein Londoner Vorbild an, war er doch ebenfalls mit künstlichen Wasserspeiern und Denkmälern ausgestattet. 1896 schenkte ein reicher Bürger dem Sefton Park ein mit vielen exotischen Pflanzen ausgestattetes Palmenhaus.

⌃ *Rund 200.000 Besucher zieht das Tudor-Haus in Speke Hall jährlich an*

› *Publikumsmagnet im Sefton Park ist das 1896 erbaute Palmenhaus*

Sehenswert ist auch der 1870 eröffnete **Stanley Park** direkt hinter dem legendären Fußballstadion an der Anfield Road 24. Die viktorianische Gartenlandschaft vom Feinsten steht heute unter Denkmalschutz. Wichtigste Sehenswürdigkeit des mit Sicherheitskameras überwachten Parks ist das Isla Gladstone Conservatory, ein unter Denkmalschutz stehendes Glashaus, das vom gleichen Architekten wie das berühmte Palmenhaus im Sefton Park stammt. Einladend sind die umgebenden Grünanlagen mit ihren Blumenbeeten. Sein Gegenstück im Süden Liverpools heißt **Calderstones Park,** ein 94 Quadratkilometer großes Gelände samt See. Sein Botanischer Garten beherbergt mehr als 4000 verschiedene Pflanzen. Storybarn heißt das dortige kleine Museum für Kinder.

Zu den wenigen grünen Oasen direkt in der City gehört **St. John's Garden** gleich hinter St. George's Hall 9, nur einen Katzensprung neben den geschäftigen Einkaufszentren. „Peace Garden" nennen ihn die Einheimischen deswegen – ein Ort des Friedens und der Ruhe mitten in einer hektischen Umgebung. Die 1904 eröffnete Anlage gehört zudem wegen ihrer vielen Denkmäler zu den Orten von größtem historischen und architektonischen Interesse. Seinen Namen verdankt der Freizeitgarten übrigens der Johanneskirche, die bis 1887 hier stand.

Mit den **St. Nicholas Church Gardens** gegenüber dem weltbekannten Liver Building findet sich ein zweiter kleiner Park ebenfalls fast mitten in der City. Viele Liverpudlians nutzen ihn vor allem im Sommer zur Mittagspause und genießen den Blick auf den Mersey. Auch dieser Park diente wie St. John's Garden einst als Friedhof. Die namensgebende Nikolaus- und Marienkirche *(Church of Our Lady and Saint Nicholas)* am Parkrand ist Liverpools ältestes Gotteshaus, das mehrfach zerstört und immer wieder aufgebaut wurde. Seit dem Jahr 1257, heißt es, wurden hier Gottesdienste gefeiert, war die dem Patron der Seefahrer, dem heiligen Nikolaus, gewidmete Kirche Liverpools

153lp Abb.: gs

165lp Abb.: ©Kevin Ross, stock.adobe.com

wichtigstes Gotteshaus. Im Jahr 1810 stürzte der Kirchturm während eines Gottesdienstes ein und erschlug 25 Menschen. Schweren Schaden erlitt die Kirche auch im Zweiten Weltkrieg, an den ein kleines Denkmal vor dem Kirchturm mahnt. Seit 1952 aber steht sie wieder für Gottesdienste zur Verfügung.

Ausführliche und gut sortierte Informationen zu Liverpools Parks finden sich auf der Website https://liverpool.gov.uk/parks-and-greenspaces.

- •102 [Z16] **Calderstones Park,** Allerton Road, Merseyside, L183JD, 24 Stunden täglich geöffnet. In diesem Park gibt es mehr als 4000 Pflanzen, einen See, ein Café, einen Eissalon und eine Miniatureisenbahn, die bei gutem Wetter sonntagmittags ihre Runden dreht.
- •103 [a1] **Croxteth Hall and Country Park,** Off Muirhead Avenue East, L11 1EH, www.croxteth-hall.co.uk, Park: Sommer 7–18.30, Winter 7–17.30 Uhr (Eintritt frei), Halle: April–September 10.30–17 Uhr, Eintritt: 5 £ (Kinder 3,50 £)
- •104 [S16] **Sefton Park and Palmhouse,** L17 1AP, Tel. 7262415, www.palmhouse.org.uk, Park: 24 Stunden täglich geöffnet (Eintritt frei), Palmenhaus: gewöhnlich 10–18 Uhr, Bahnstation: Aigburth
- •105 **Speke Hall Gardens,** The Walk, L 24 1XD, www.nationaltrust.org.uk. Die Halle ist meist nur von März bis Oktober geöffnet: Mi.–So. 12.30–17 Uhr, Eintritt: 15 £ (Kinder: 7,50 £, Familien: 37,50 £). Preiswerter ist der Eintritt zu den Gartenanlagen, die auch im Winter geöffnet sind (tgl. 10.30–16 Uhr). Bahnstation: Liverpool South Parkway oder Hunts Cross.
- •106 [O3] **Stanley Park,** Bahnstation: Kirkdale. Park nahe der Anfield Road. His-

135lp Abb.: gs

torisch interessant ist das Gelände, weil hier die ersten Fußballer Liverpools kickten, die schließlich den Everton FC gründeten. Öffnungszeiten: 9.30–21.30 Uhr.

•**107** [K10] **St. John's Garden.** Immer zugängliche Parkanlage hinter der St.George's Hall mit Gedenksteinen und Plaketten, die an Kriegshelden erinnern.

•**108** [I10] **St. Nicholas Church Gardens.** Nur tagsüber geöffneter Minipark gegenüber dem Liver Building. Begehrter Platz zum Picknick in der Mittagspause!

•**109** [R10] **Wavertree Botanic Garden,** Wellington Road, Bahnstation: Edge Hill. Botanische Anlage, die allerdings etwas in die Jahre gekommen ist. Hin und wieder Schauplatz von Folkfestivals und anderen Freiluftveranstaltungen. Der Garten ist tagsüber immer geöffnet.

Zur richtigen Zeit am richtigen Ort

Feste feiern, das kann man am Mersey. Kein Sommerwochenende, an dem nicht irgendwo ein Festival über die Bühne geht oder sonst ein sportliches oder kulturelles Ereignis lockt.

Musik und Theater, Spiel und Tanz, Kino und Comedy, Karneval und Party, Botanik-Shows und Parkfeste, Laternen- und Maskenumzüge, Schiffsparaden und großes Feuerwerk – in Liverpool ist für jeden etwas im Angebot. Zudem gibt es **viele Events zum Nulltarif,** finanziert von öffentlichen und privaten Sponsoren.

Pflanzenparadies Calderstones Park – auch im Herbst ein lohnenswertes Ziel

Bei so manchem Stadtfest lassen die Liverpooler ihre maritime Vergangenheit gern neu aufleben

136lp Abb.: gs

⬑ *Livemusik gehört zu jedem großen Fest – gefeiert werden Lokalmatadore wie der inzwischen verstorbene Gerry Marsden mit seinen „Pacemakers"*

⬏ *Africa Oye Festival, eine von vielen Kulturveranstaltungen im Jahr*

Landesweite Feiertage

- 1. Januar, Neujahrstag – *New Year's Day*
- Karfreitag – *Good Friday*
- Ostermontag – *Easter Monday*
- Maifeiertag (erster Montag im Mai) – *Labour Day*
- Frühlingsfeiertag (letzter Montag im Mai) – *Spring Bank Holiday*
- Sommerfeiertag (letzter Montag im August) – *Summer Bank Holiday*
- Erster Weihnachtsfeiertag – *Christmas Day*
- Zweiter Weihnachtsfeiertag – *Boxing Day*

Frühjahr

- **The Grand National:** Bereits seit dem Jahr 1836 liefert der Welt populärstes Hindernisrennen für Pferde Gesprächsstoff. Die Arena liegt in Aintree vor den Toren Liverpools, die Wetteinsätze sind gigantisch (April, www.grandnational.org.uk).
- **Liverpool Sound City:** dreitägiges Musikfestival in den Docklands mit zahllosen Konzerten (April/Mai, www.liverpoolsoundcity.co.uk)

Sommer

- **Mersey River Festival:** Rund um die Dockanlagen finden Freiluftkonzerte und Präsentationen großer und kleiner Schiffe statt (Mai/Juni, www.theriverfestival.co.uk).
- **Africa Oye:** Kaum ein anderes Festival in England präsentiert mehr afrikanische, karibische und südamerikanische Musik als das Africa Oye mit Freiluftkonzerten im Sefton Park (Juni, www.africaoye.com).

- **Liverpool Arab Arts Festival:** Liverpools große jemenitische Gemeinde gibt Einblick in arabische Kunst und Kultur, in Musik, Tanz, Film und Architektur (Juni/Juli, www.arabartsfestival.com).
- **Liverpool Biennial:** Alle zwei Jahre (2025, 2027 …) lädt Liverpool zu seiner Biennale, einer der größten zeitgenössischen Kunstschauen Großbritanniens (Juli–Okt.www.biennial.com).
- **Creamfields:** Zehntausende von Discogängern haben den Festtermin längst rot angestrichen. Englands beliebtesten Freilufttanz genießen inzwischen Fans aus aller Welt, um Karten sollte man sich sehr früh bemühen (August, www.creamfields.com).
- **Liverpool Pride:** Bis zu 50.000 Teilnehmer zählt das eintägige Schwulen- und Lesbenfest (August, www.liverpoolpride.co.uk).
- **Southport Flower Show:** Fast 100.000 Besucher kommen jährlich zu einer der ältesten englischen Blumenausstellungen ins benachbarte Southport (August, www.southportflowershow.co.uk).
- **International Beatleweek:** Ende August feiert Liverpool traditionell seine berühmtesten Söhne mit Konzerten, Video-Shows, Vorträgen und dem Verkauf von Beatles-Erinnerungsstücken (August, www.internationalbeatleweek.com).

Herbst

- **Southport's British Musical Fireworks Championship:** Dreitägiges Feuerwerksfestival im Victoria Park von Southport. Für alle, die choreografierte Pyrotechnik lieben. Zu den Feuerwerken in Southport fahren Sonderzüge von Liverpool (Sept., www.visitsouthport.com).
- **Reminisce Festival:** Festival im Sherdley Park, St Helens, mit vielen Tausend Besuchern, die Musik hören und tanzen wollen. Über 100 Liveacts und DJs sorgen für Musik, Stelzenläufer und andere Artisten für Wohlfühlstimmung (Sept., www.reminiscefestival.com).
- **Liverpool Comedy Festival:** Von Stand-up-Comedy bis zum komödiantischen Theater versuchen alte und neue Talente,

011lp Abb.: gs

167lp Abb.: ©sas, stock.adobe.com

Liverpool zum Lachen zu bringen (Sept./Okt., www.thecomedytrust.com).

- **Liverpool Irish Festival:** Mit dem Festival tragen die Veranstalter dem Traditionsbewusstsein der großen irischstämmigen Bevölkerung in Merseyside Rechnung (Okt., www.liverpoolirishfestival.com).

Winter

- **River of Light Festival:** Jährlich Ende Oktober verwandelt sich Liverpools Uferregion für viele Tage in eine Lichtergalerie. Auf einem rund zwei Kilometer langen Parcours zeigen Künstler aus aller Welt zwischen 17 und 21 Uhr ihre Lichtinstallationen (Ende Okt./Anfang Nov., www.visitliverpool.com/riveroflight).
- **Merseyside Guitar Show:** Auf der Halbinsel Wirral treffen sich Gitarristen von Weltrang. Zum Programm gehören spanischer Flamenco ebenso wie amerikanische Country-Musik (Nov., www.guitarshows.co.uk/ARPages/Merseyside.html).
- **Chinese New Year:** Mit Feuerwerk, Spiel und Mummenschanz startet Liverpools chinesische Gemeinde ins Neue Jahr (Jan./Febr., www.visitliverpool.com).
- **International Jazz Festival Liverpool:** jährliches Treffen internationaler Jazzgrößen im Capstone Theatre (Febr., www.thecapstonetheatre.com)

⊡ *Ein großes Feuerwerk krönt alljährlich das River of Light Festival*

LIVERPOOL VERSTEHEN

141lp Abb.: gs

Liverpool – ein Porträt

Liverpool gehört zu den britischen Städten, die nach Jahren des wirtschaftlichen Abstiegs mit Entschlossenheit und Ideenreichtum wieder nach oben gekommen sind. Viele Milliarden britische Pfund wurden in den letzten beiden Jahrzehnten in die Stadtentwicklung investiert, in neue Museen, Theater und Einkaufszentren, vor allem aber in die Neugestaltung des maritimen Erbes, die einen Kai für die weltgrößten Kreuzfahrtschiffe und einen der größten Containerhäfen Europas hervorgebracht hat.

In einem ehemaligen Dock steht das neue Fußballstadion des Everton FC, das Ende 2024 seine Tore öffnet – ein umstrittener Bau am Ufer, der letztlich zum Verlust des Welterbe-Gütesiegels der UNESCO führte.

Die Stadtväter trauern dem nicht nach, denn aus dem einstigen Armenhaus im englischen Nordwesten ist längst eine Stadt mit Perspektiven geworden. Dieser Aufschwung zeigt sich auch im Stadtbild. So dominieren mittlerweile Hochhäuser und moderne Bürobauten den Uferbereich, Geschäfte und Einkaufszentren die Innenstadt. Das wichtigste ist, dass es Spaß macht, in Liverpool zu leben, heißt es am Mersey. Die strengen Auflagen der Denkmalschützer, die im Hafenareal ein historisches Denkmal sahen, waren in den Augen der meisten Menschen in Liverpool ein Hemmschuh für die Weiterentwicklung der Stadt. Jetzt, heißt es im Rathaus, könne man endlich tun und lassen, was man wolle.

Vorseite: Am Pier Head erinnert ein Denkmal an König Eduard VII. (1841–1910)

Eine Stadt im Umbruch

Noch immer fast grenzenlos ist deshalb der **Optimismus**, dem sich die politischen und wirtschaftlichen Lenker der Region Merseyside hingeben. Nach Jahrzehnten des Niedergangs, nach politischen Querelen ohne Beispiel, gesellschaftsbedrohender Arbeitslosigkeit und einer Hiobsbotschaft nach der anderen, die den Ruf

Liverpools weltweit ruinierten, will man jetzt mit Bauten wie dem neuen Fußballstadion, vielen Wohnungen in Ufernähe und noch mehr Unterhaltungsangeboten die Weichen für eine Zukunft stellen, die sich an den Freizeitbedürfnissen der Massen orientiert, nicht am ästhetischen Empfinden einer kulturellen Elite.

Kommunale und private Entwicklungsgesellschaften haben eine Reihe **ehrgeiziger Millionenprojekte** vorangetrieben. Ihr Motor ist die Peel Group mit ihrem 5,5 Milliarden Pfund schweren Projekt **Liverpool Waters,** das vorsieht, die im Norden der Stadt befindlichen alten Hafenanlagen teilweise zuzuschütten und neu zu bebauen. Für 721 Millionen Pfund hat sie der Stadt das passende Gelände abgekauft. Mit seinen vielen Hundert Tochterfirmen vermarktet der Konzern jetzt das neu erschlossene Gelände möglichst gewinnbringend. Geplant ist der Bau von vier Hotels und 23.000 Apartments – in Häusern mit bis zu 50 Stockwerken.

4,5 Milliarden Pfund steckt die Peel Group auch auf der anderen Seite des Mersey-Flusses, auf der Halbinsel Wirral, in Neubauprojekte. **Wirral Waters** heißt das Gegenstück zu „Liverpool Waters", zu dem Hochhäuser mit bis zu 175 Metern Höhe gehören sollen.

Vorbild des neuen Baubooms ist New York, das mit seinen Wolkenkratzern die amerikanische Ostküste prägt. Mit den vielen Bauten will sich die Metropolregion Liverpool schon bald neben London als neue Kapitale des Vereinigten Königreichs präsentieren. Ob das gelingt, soll sich bis Ende des Jahrzehnts zeigen.

Liverpool ist heute längst nicht mehr die Hafen- und Arbeiterstadt von einst, die fast unregierbare Kommune, deren aufsässige Bewohner immer wie-

KURZ & KNAPP

Liverpool in Zahlen

- **Gegründet:** 1207
- **Stadtrecht:** 1880
- **Einwohner:** 500.500
- **Fläche:** 112 km²

Liverpools Skyline: Zeichen des Aufschwungs nach Jahren des wirtschaftlichen Niedergangs

066lp Abb.: gs

032lp Abb.: gs

der blutige Krawalle anzettelten. Merseyside ist auch nicht mehr die Region, der Zehntausende mangels Arbeit und Perspektiven den Rücken kehrten. Inzwischen registrieren nicht nur die Statistiker, dass **mehr und mehr Menschen wieder Richtung Liverpool zuwandern.** Fast 920.000 Einwohner leben inzwischen in der Metropolregion am Mersey, knapp eine halbe Million direkt in Liverpool.

Geschichte sind die oft monatelangen Streiks, die früher häufig das öffentliche Leben lahmlegten; vorbei die aus Irland überschwappenden blutigen Glaubenskämpfe zwischen Katholiken und Protestanten, Vergangenheit auch die Rassismus-Unruhen, die noch Anfang der 1980er-Jahre England erschütterten.

Einst das Tor zur Welt, locken die historischen Segelschiffe heute die Welt nach Liverpool! Im Hintergrund erkennt man die Tate Gallery.

Studentenstadt Liverpool

Das neue Liverpool ist eine Kapitale der Kunst, Kultur und Wissenschaft – und auch eine der größten britischen Universitätsstädte: **Mehr als 70.000 Studenten** geben der Stadt ein junges Gesicht. Liverpools Universität ist so beliebt, dass in den meisten Fachbereichen strenge Zugangsbestimmungen herrschen. Dafür sorgen vor allem die im Vergleich zu anderen britischen Universitätsstädten niedrigeren Mieten und ein einmaliges Unterhaltungsangebot, zu dem etwa spezielle Studentenrabatte in vielen Bars und Clubs gehören. Mehr als 10.000 Studierende aus dem Ausland beweisen, dass sich die Vorzüge eines Studiums in Liverpool inzwischen weltweit herumgesprochen haben. Interessant zu wissen: Liverpools Studierende fühlen sich in großen Wohngemeinschaften am wohlsten und wechseln meist erst zum Studienschluss in eine kleinere Wohneinheit.

Hafenstadt Liverpool

Auch als **Hafenstadt** kann sich Liverpool dank der Peel Group (s. S. 91) wieder sehen lassen. Sie hat nicht nur einen Anleger für die größten Kreuzfahrtschiffe der Welt am Prince's Dock geschaffen, sondern auch zwei große Containerterminals, das Royal Seaforth Container Terminal (RSCT) und Liverpool2. Es sind die am besten an den weltweiten Schiffsverkehr angebundenen Containerterminals des Landes, mit zehn Autobahnen im Umkreis von zehn Meilen.

Tourismus als Jobmotor

Um Liverpool touristisch attraktiv zu gestalten, hat die Stadt, unterstützt durch Gelder aus London und Brüssel, in den letzten Jahrzehnten ebenfalls Milliarden Pfund in die Erneuerung und den Ausbau von Museen gesteckt – allein fast 100 Millionen ins neue Museum of Liverpool 3. Hinzu kam ein neues Kongress- und Veranstaltungszentrum am Mersey, dem weitere folgen sollen, ebenso wie der Bau weiterer Hotels. So jedenfalls steht es im jüngsten „Destination Management Plan“ der Region.

Längst ist der **Tourismus einer der wichtigsten Wachstumsmotoren** in Englands Nordwesten. Mehr als 60 Millionen Tagesgäste zählte man zuletzt vor der Coronapandemie, von denen fast fünf Millionen auch über Nacht blieben. Mehr als 50.000 Arbeitsplätze in und um Liverpool hängen schon jetzt direkt und indirekt vom Tourismus ab. Viele Tausend weitere sollen dazukommen. Denn vor allem bei ausländischen Besuchern hat die Stadt deutlich an Popularität gewonnen. Zusammen mit London, Edinburgh, Manchester und Birmingham zählt Liverpool heute zu den Top Five bei den auswärtigen Besuchern, deren Zahl sich langsam der Millionengrenze nähert. Einer der Gründe sind freilich auch die vielen Kreuzfahrtschiffe, die vor allem aus Kanada und den USA Tausende von Besuchern an den Mersey bringen.

Von den Anfängen bis zur Gegenwart

Als schlammiger Pfuhl machte „Liuerpol“ erstmals von sich reden, eine von mehreren Siedlungen in Englands Nordwesten. „Liuerpol“ war der Name für eine Ausbuchtung des Flusses Mersey, an dessen Ufer ein paar Familien siedelten. Keiner freilich konnte damals ahnen, dass aus der mittelalterlichen Siedlung einmal Englands wichtigste Hafenstadt werden sollte, Europas größtes Tor zur neuen Welt.

Der Aufstieg zur Handelsmetropole

Gleich gegenüber dem Albert Dock, siedelten die ersten Liverpudlians. Der erste, der diese Lage richtig zu schätzen wusste, war König Johann (reg. 1199–1216). „Johann Ohneland“ nannte man ihn auch, weil er einen Großteil des englischen Besitzes in Frankreich nach dort verlorenen Schlachten abtreten musste. Anfang des 13. Jahrhunderts suchte der in Oxford geborene Sohn Heinrichs II. nach einem sicheren Stützpunkt für seine in Wales und Irland operierenden Truppen. Am 28. August 1207 legte er mit einer **Charta** offiziell den Grundstein zur Gründung Liverpools. (Diesen Akt verherrlicht ein Wandfresko in der Eingangshalle des Rathauses noch heute.) Sieben Straßen wurden angelegt – und eine Burg errichtet, die anno 1726 im Rahmen der Stadterweiterung abgerissen wurde.

Jahrhundertelang lebten die Menschen in der kleinen Siedlung vom Fischfang, dem Handwerk und der Landwirtschaft. **Nicht mehr als ein Marktflecken** war die Stadt, die mit Birkenhead auf der anderen Seite des Mersey mit einer Fähre verbunden war – kleine Schiffe, die je nach Wasserstand und Wetterlage verkehrten. Seuchen wie die Pest setzten den wenigen Hundert Bewohnern Liverpools immer wieder schwer zu. Zudem ächzten die Liverpudlians unter der Last finanzieller Abgaben. Als „arme, heruntergekommene Stadt Ihrer Majestät" baten sie 1571 Königin Elisabeth I. um Steuererleichterungen.

Erst im Zeitalter der Tudors reifte Liverpool langsam vom Dorf zur Stadt. 1515 schlug sich der Wandel im Bau der ersten Stadthalle in der Dale Street für alle sichtbar nieder. Langsam **nahm der Schiffsverkehr zu**, steuerte man von Liverpool immer häufiger Ziele in Irland und Wales an. Um das Jahr 1700 war die Zahl der Einwohner auf gut 5000 gestiegen. Jahr für Jahr kamen neue Zuwanderer hinzu, die im Hafen schnell Arbeit fanden. Zeitweise verdingte sich jeder dritte bis vierte Bewohner Liverpools als Matrose.

Zur richtigen Hafenstadt aber wurde Liverpool erst, als seine Reeder weitere Ziele in Europa, Asien, Afrika und Amerika ansteuerten. **Neue Kanäle** nach Manchester und Leeds brachten der Stadt Ende des 18. Jahrhunderts zusätzliche Standortvorteile. Jetzt war es möglich, die im Hinterland produzierten Waren und Rohstoffe weltweit zu verschicken. Schnelle Fahrzeiten und billige Frachtraten machten Liverpools Schiffseigner international bekannt. Den größten Profit aber brachte ihnen der erst im Jahr 1807 offiziell abgeschaffte **Sklavenhandel**, dem die Stadt ein Großteil ihres damaligen Wohlstands verdankte.

Schon Anfang des 19. Jahrhunderts wurden rund 40 % des britischen Welthandels über Liverpool abgewickelt. Die Stadt am Mersey war nun **die neben London wichtigste britische Hafenmetropole.** Und mit dem Handel wuchs auch die Stadt, der Königin Victoria anno 1880 schließlich offiziell die Stadtrechte verlieh. Überall entstanden neue Häuser und Büros, Lagerräume und Handelszentren, kleine und große Geschäfte sowie ein Bahnhof – einer der ersten der Welt –, der Liverpool mit Manchester verband.

Zur ersten großen Belastungsprobe für die Stadt wurden die **Hungerjahre in Irland 1846/1847**, die mindestens 300.000 Iren nach Liverpool fliehen ließen. Zwar wanderte ein Teil weiter nach Amerika aus, Zehntausende aber blieben am Mersey hängen. Aber auch aus anderen Regionen Europas und Afrikas drängte es die Menschen in den Nordwesten Englands. Bis 1931 war die Zahl der Bewohner Liverpools auf rund 850.000 angewachsen – Menschen, für die überall in der Stadt **Massenquartiere** gebaut wurden. Zumeist waren dies einfachste Häuser, die ein Dach über dem

Kopf garantierten, viel mehr aber auch nicht. So entstanden Stadtviertel, die bald zum Sanierungsfall wurden.

Die nächste schwere Zeit kam mit dem **Zweiten Weltkrieg.** Liverpools strategische Lage und die dort stationierten Verteidigungskräfte erhoben die Hafenmetropole zu **einem der wichtigsten Angriffsziele** des Deutschen Reichs. Deutschland wusste, dass die entscheidenden Atlantikschlachten von Liverpool aus gesteuert werden sollten. Das Western Approach Headquarter, wie Liverpools Führungsbunker damals hieß, ist noch heute zu besichtigen.

So kam, was nach militärischer Logik kommen musste: Deutsche Flieger, die im besetzten Frankreich und Belgien starteten, warfen Tausende todbringender Bomben über der Stadt und den Militärzentralen ab und **legten weite Teile Liverpools in Schutt und Asche.** Mindestens 4000 Menschen kamen damals ums Leben, Tausende wurden verletzt, Zehntausende verloren Hab und Gut.

Neubeginn nach dem Zweiten Weltkrieg

Schnell jedoch kehrte man in Liverpool zur Normalität zurück. Man rückte zusammen, krempelte die Ärmel hoch und packte gemeinsam an. Not und Elend hatten die Liverpudlians erneut zusammengeschweißt. Eine **Gemeinschaft aus vielen Kulturen,** der ideale Nährboden schließlich für eine neue Form von Kultur, die sich Ende der 1950er-Jahre in Liverpool und Umgebung ausbreitete. Am Ende stand ein neuer Musikstil, der anfangs als Mersey-Sound, später dann als Beat um die Welt ging und in den Beatles seine populärsten Protagonisten fand.

031lp Abb.: gs

In den 1960er- und 1970er-Jahren wurde im Krieg zerstörter Wohnraum durch mehrgeschossige Sozialwohnungen ersetzt. Siedlungen wie Kirkby gehörten damals zu den am schnellsten wachsenden Stadtvierteln Englands. Dennoch leben im Großraum Liverpool heute mehr Menschen in eigenen Häusern als in anderen britischen Großstädten. Fast die Hälfte der Einwohner sind Besitzer einer Wohnung oder eines Hauses.

Den neuen Aufschwung markierten immer mehr Einkaufszentren, deren Vorbilder amerikanische Shoppingmeilen waren, und der 1971 fertigge-

Teil des „Liverpool Blitz"-Denkmals zur Erinnerung an den Zweiten Weltkrieg in den St. Nicholas Church Gardens (s. S. 85)

030lp

stellte, knapp 140 m hohe Turm über dem St. John's Centre, der nach Jahren der Schließung längst wieder öffentlich zugänglich ist.

Nach Jahren des Wirtschaftswunders aber **traf Liverpool die weltweite Rezession** stärker als andere britische Städte. Zehntausende von Arbeitsplätzen verschwanden, zeitweise war die Arbeitslosenquote am Mersey doppelt so hoch wie im Landesdurchschnitt. Erschwerend kam hinzu, dass der Schiffsverkehr nach Amerika durch neue, schnelle und regelmäßige Flugverbindungen in die Vereinigten Staaten mehr und mehr an Bedeutung verlor. Und auch dem Frachthafen Liverpool liefen neue Containerhäfen den Rang ab. Arbeiteten anno 1967 noch 11.500 Menschen in den Docks am Mersey, waren es 1979 noch ganze 5200.

In der Townhall 7 befindet sich das Wandfresko zur Stadtgründung

Auch die Autoindustrie, die man in den 1960er-Jahren mit öffentlichen Zuschüssen in einer Höhe von 65 Millionen Pfund an den Mersey lockte, baute wegen der weltweiten Rezession einen Großteil der Jobs ab. In etwa einem Jahrzehnt machten fast 300 Firmen Pleite, verschwanden allein in der Industrie rund die Hälfte aller Arbeitsplätze. In den 1970er-Jahren kehrten gut 100.000 Einwohner der Stadt den Rücken.

Anfang der 1980er-Jahre geriet Liverpool erneut in eine **tiefe Krise.** Zehntausende von Bürgern bezogen Sozialhilfe, was die Kassen der Stadt strapazierte. Die Regierung in London wurde um Hilfe gebeten, doch die in England damals tonangebenden konservativen Tories hatten für die zum Teil von Trotzkisten kontrollierte Labour-Regierung in Liverpool wenig übrig. **Demonstrationen und Streiks** lähmten so immer wieder das öffentliche Leben am Mersey, bis **Margaret Thatcher** das Stadtparlament schließlich auflöste und eine neue regionale

Verwaltungseinheit schuf: die Merseyside Task Force (MTF). Diese setzte statt auf Schiffsverkehr und Industrie auf den Ausbau des Dienstleistungsgewerbes, auf Kunst, Kultur und Tourismus.

Erster Testlauf für das neue Konzept war 1984 ein internationales Gartenfestival, das allen Unkenrufen zum Trotz 3,4 Millionen Gäste anlockte. Eindrucksvoll wurde so bewiesen, dass die von Krisen geschüttelte und arg imagegeschädigte Region noch immer einen Besuch wert ist. Mit öffentlichen Zuschüssen versüßte Liverpool privaten Investoren ihr Engagement und lockte auf diese Weise immer neue Firmen, die bis heute viele Milliarden Pfund in die einst fast bankrotte Stadt pumpten.

Das **Albert Dock** ❶ wurde zum **Aushängeschild des neuen Liverpool**, zum besten Beispiel einer geglückten Umwandlung der ehemaligen Hafenanlagen. In den alten Warenlagern am Mersey fanden sich plötzlich Boutiquen und Cafés, Bars, Restaurants und Hotels – auch Museen von Rang, die heute jährlich Millionen Besucher locken. Mit Investitionsgeldern der Europäischen Gemeinschaft wurde die Infrastruktur neu gestaltet, die Uferlandschaft neu geordnet, neue Einkaufszentren realisiert und der öffentliche Nahverkehr erweitert. Und mit dem **Ausbau der Universität**, die inzwischen zu den größten Hochschulen Großbritanniens zählt, stieg erstmals auch wieder die Einwohnerzahl.

Unübersehbar freilich sind aber auch die Zeichen, dass der **jahrelange Aufschwung** der Stadt längst nicht alle erreicht hat. Immer mehr Menschen haben keinen festen Wohnsitz und leben auf der Straße von der Hand in den Mund. Ihre Armut ist auch für Touristen deutlich sichtbar.

Kleine Küchengeschichte: Scouse (Labskaus)

Das erstmals 1701 erwähnte Gericht bestand ursprünglich nur aus Pökelfleisch, Kartoffeln, Zwiebeln und Speck. Heute kommt das traditionelle Seemannsmahl meist mit Roter Bete und Rotkohl verfeinert auf den Tisch. In Deutschland wird Labskaus klassisch aus kurz in Wasser gekochtem, gepökeltem Rindfleisch zubereitet, das mit Zwiebeln, Salzgurken und Roter Bete durch den Fleischwolf gedreht wird. Danach wird die Masse in Schweineschmalz gedünstet, mit Gurkenwasser oder Brühe gekocht und mit gestampften Kartoffeln angereichert.

In Liverpool wurde der „Scouse“ unter dem Einfluss der irischen Zuwanderer zu einem Eintopf aus Schafs- oder Lammfleisch, Kartoffeln, Zwiebeln, Karotten oder anderem Gemüse. Wer sparen will, lässt das Fleisch einfach weg: „Blind Scouse“ heißt die vegetarische Variante des Liverpooler Traditionsgerichts.

111lp Abb.: gs

Stadtgeschichte in Zahlen

1207 König Johann Ohneland erklärt „Liuerpul" zur Stadt.
1229 König Heinrich III. macht Liverpool zur „freien Stadt für immer".
1331 Erstmals taucht Liverpool auf einer englischen Karte auf.
1351 William de Liverpool wird erstes Stadtoberhaupt.
1515 Bau des ersten Rathauses
1641 Beginn des Handels mit den Westindischen Inseln
1647 Liverpools Hafen, bislang eine Außenstelle Chesters, wird selbstständig.
1648 Erstmals löscht ein Tabakfrachter aus Amerika seine Fracht im Hafen.
1715 Großzügige Hafen- und Stadterweiterung
1802 Mit dem Lyceum öffnet Europas erste öffentliche Leihbibliothek.
1815 Auf dem Mersey tauchen die ersten Dampfschiffe auf.
1830 Eröffnung der Bahnlinie Liverpool – Manchester
1837 Erstes Grand National Hindernisrennen auf der Pferderennbahn in Aintree
1842 Liverpool nimmt das erste öffentliche Bad in Betrieb.
1874 In Everton gründet sich einer der ersten Fußballclubs der Welt.
1904 Grundsteinlegung für die anglikanische Kathedrale
1933 Eröffnung des Flughafens im Vorort Speke (heute John Lennon Airport)
1957 Auf einem Pfarrfest begegnen sich Paul McCartney und John Lennon.
2005 Liverpool FC schlägt Mailand im Champions-League-Finale.
2008 Europäische Kulturhauptstadt
2012 Mehr als 50 Millionen Gäste – ein neuer Besucherrekord
2018 Die UNESCO berät über den 2004 verliehenen Welterbestatus der Stadt.
2019 Der Liverpool FC gewinnt die UEFA Champions League.
2023 Liverpool richtet anstelle der Ukraine den Eurovision Song Contest aus.

Liverpool – Quell des Lebens

„Ich hatte einen Traum. Ich war in einer dreckigen, verrußten Stadt. Es war Nacht und Winter, dunkel und regnerisch. Ich war in Liverpool. Im Zentrum war ein Pool, in dessen Mitte eine kleine Insel. Auf ihr stand ein einzelner Baum, eine Magnolie voller roter Blüten. Es schien, als stünde der Baum im Licht der Sonne. Gleichzeitig aber strahlte er selbst ganz hell. Alles wirkte extrem unangenehm, schwarz und undurchsichtig. So jedenfalls fühlte ich es. Aber irgendwie hatte ich die Vision von einer überirdischen Schönheit ... und das war der Grund, warum ich hier leben konnte. Liverpool ist der Quell des Lebens."

Carl Gustav Jung, Psychotherapeut und Kulturpsychologe

Leben in der Stadt

Liverpool ist eine pulsierende Großstadt, geprägt von Erfahrungen, die englische Seeleute einst in aller Welt machten. Beeinflusst auch von Begegnungen, die Liverpooler Werft- und Dockarbeiter mit Menschen aus Afrika, Asien und Amerika hatten. Hunderttausende von Migranten drückten der Stadt ihren Stempel auf, Menschen aller Hautfarben. Viele blieben nur ein paar Tage auf der Durchreise, andere ankerten für den Rest ihres Lebens am Mersey. Liverpool wurde so zu Englands Völkermühle, in der Menschen aus allen Nationen zusammenfanden.

Multikultureller Schmelzpunkt

„Liverpudlians“ heißen sie offiziell, die Menschen in der Stadt am Mersey, Kinder, Männer und Frauen aus weit über 100 Nationen. Fast 70 verschiedene Sprachen, haben findige Köpfe ausgerechnet, werden in Liverpool gesprochen. Und natürlich **Scouse,** ein irisch geprägtes Englisch, **Liverpools Mundart,** die meist nicht leicht zu verstehen ist und für die meisten Touristen fast exotisch klingt. Die *Scousers,* wie sich die Einheimischen selbst nennen, gelten als eigenwillig, aber auch als humorvoll und weltoffen.

Die **größte Bevölkerungsgruppe** bilden die **Iren.** Zu Zehntausenden waren sie Mitte des 19. Jahrhunderts eingewandert. Kaum eine andere englische Großstadt besitzt deshalb noch heute so viele irische Pubs und zählt so viele Katholiken auf engstem Raum. Den Iren folgen in der Bevölkerungsstatistik Schotten und Waliser, deren Arbeitskraft in Liverpool einst besonders geschätzt wurde. Im 19. Jahrhundert lebten zeitweise bis zu 40.000 Menschen aus Wales in der Stadt – dass die walisische Tradition hier fest verankert ist, sieht man z. B. daran, dass mit der **Liverpool Welsh Choral Union** die Waliser noch heute einen der größten Chöre der Stadt stellen. Kaum kleiner ist die schottische Gemeinde. Auch sie pflegt bis heute ihre eigenen Traditionen und Bräuche.

Daneben gibt es Griechen und Zyprioten, Italiener und Franzosen, deren Ahnen die Napoleonischen Kriege an den Mersey verschlagen hatten. Norweger, Schweden und Dänen spülte die Seefahrt in die Stadt, gläubige Menschen meist, die zum Teil ihre eigenen Gotteshäuser hatten. Hinzu kamen religiös und politisch verfolgte Juden aus Russland, Polen und Deutschland.

138lp Abb.: gs

Viele Statuen und Denkmäler zeugen von der Geschichte der Stadt

Unübersehbar ist auch die **chinesische Gemeinde,** die angeblich älteste Europas, die rund um die Berry Street zu Hause ist und die Straßen in ihrem Viertel zusätzlich chinesisch beschriftet hat. Außerdem nennt sie am Ende der Nelson Street [L12] das – nach eigenen Angaben – größte chinesische Tor außerhalb Chinas ihr Eigen. Hinzu kommen weitere Asiaten und Araber. Afrikaner oder Zuwanderer aus der Karibik und Südamerika dagegen finden sich in Liverpool weit weniger als in anderen englischen Städten. Nur drei von hundert Liverpudlians sind

142lp Abb.: gs

schwarz und sie leben zum Teil schon in zehnter Generation am Mersey.

Vor allem aber ist Liverpool eine **junge Stadt**, deren Gesicht mehr als 70.000 Studenten prägen. Mehr als 40 Prozent der Bevölkerung sind jünger als 30 Jahre, das Durchschnittsalter liegt unter 40 Jahre – vielleicht der wichtigste Grund für die Lebenslust, die diese Stadt versprüht.

Von dieser Lebenslust ist übrigens auch eine der größten **LGBT-Gemeinden** Europas beseelt: Tausende von queeren Menschen feiern ihre Partys und Festivals, wie sie fallen (s. S. 115), und haben mit dem Pride Quarter (s. S. 69) ihren eigens ausgewiesenen Stadtteil.

⌃ *Liverpool – eine Fußballmetropole*

〉 *Der Liver Bird ist das Wahrzeichen der Stadt*

Hard working, hard fighting, hard drinking …

… so lautet das Lebensrezept am Mersey. Ein Dreiklang aus Erfahrungen, welche die Menschen in Englands Nordwesten immer wieder machten. *Scousers* nennen sie sich selbst in Erinnerung an das englische Wort *lobscouse*. Es stand einst auch dem deutschen Wort „Labskaus" Pate. Damit ist ein deftiger Eintopf gemeint, wie ihn vor allem die Seeleute schätzten. Vermutlich waren es norwegische Matrosen, die den Labskaus im späten 19. Jahrhundert im Welthafen Liverpool populär machten. Der Eintopf ist eine preiswerte, vor allem aber sättigende Mahlzeit, die nach kurzer Zeit zur Lieblingsspeise der Liverpudlians wurde (s. S. 97).

Ein anderer Favorit heißt *Butty*, womit in Liverpool ein Sandwich gemeint ist. Oder *Everton Mint*, schwarz-weiß gestreiftes, süßes Naschwerk. Seinen

Namen verdankt diese Leckerei einer Frau, der sogenannten *Toffee Lady,* welche die Süßigkeiten einst in der Halbzeitpause der Fußballspiele des Everton FC unter das Volk warf.

Nicht immer sind die *Scousers* gut angesehen. Das liegt in erster Linie an ihrem oft rücksichtslosen Auftreten, wie es vor allem manche Fußballfans bis heute an den Tag legen. „Gemeinsam sind wir stark" heißt diese Botschaft genauer betrachtet – einer der Schlüssel zur Identitätsbestimmung der Menschen am Mersey. Denn die vielen Krisen, die seit Jahrhunderten zu bewältigen waren, haben die **Liverpudlians zusammengeschweißt.** Das hat seine guten Seiten, denn hier steht einer für den anderen ein, was den *Scousers* oft den Vorwurf der Dickköpfigkeit einbringt.

So harmonisch, wie es scheint, ist der Zusammenhalt in Liverpool aber längst nicht immer. Soziale Kälte ist auch am Mersey ein Thema. Obdachlosigkeit greift um sich, Randexistenzen sind für Besucher nicht zu übersehen: Viele sind der Drogensucht verfallen, die immer weiter um sich greift. Allein 2021 starben 192 Menschen in Merseyside den Drogentod

„Ob-la-di Ob-la-da" – kleines Liverpooler Wörterbuch

„Ob-la-di Ob-la-da" stammt zwar aus dem Nigerianischen, folgende Ausdrücke sind aber wirklich original Liverpooler Zungen entsprungen:

- **Kecks:** Herrenhose
- **Over the water:** Bezeichnung für alle, die auf der anderen Seite des Mersey wohnen
- **Jigger:** enger Durchgang zu oder neben einem Haus
- **Gear:** anstatt „great" für großartig
- **Casey:** Lederfußball
- **La:** Kurzform für Freund oder Kamerad, der Song „Ob-la-di Ob-la-da" machte den Ausdruck weltweit bekannt.
- **Skint:** Bedeutet so viel wie „Ich habe kein Geld" und ist beim abendlichen Kneipenbummel häufig zu hören.
- **Ta:** Danke
- **Khazi:** Toilette
- **An-Twakky:** Altmodisch
- **Queen:** Männliches Modewort, mit dem Väter ihre Töchter und Männer ihre Ehefrauen titulieren

143lp Abb.: gs

The Liverbirds live

„Vier Mädchen machen den Stones Konkurrenz", konnte man 1965 im Hamburger Abendecho lesen. Gemeint waren die Liverbirds, die als erste Girlgroup überhaupt gelten. 1962 formierte sich die Beat-Band um die vier echt Liverpooler „Puppen" (birds), die auch im Cavern Club erste Hörer fanden, um dann im Hamburger Star-Club sogar die Beatles an Beliebtheit in den Schatten zu stellen. So beliebt, dass ihnen mehrere Angebote zu US-Tourneen unterbreitet wurden, die sie aber ausschlugen. Wer weiß, was passiert wäre, wenn die „weiblichen Beatles" ebenso wie ihre männlichen Kollegen auch jenseits des großen Teichs Fuß gefasst hätten. So konzentrierte sich ihr Erfolg besonders auf Europa, bis sich die Band 1967 auflöste. Unterstützt wurde die Band u. a. von den Kinks, deren Hit „You really got me" auf den geliehenen Instrumenten der Liverbirds eingespielt wurde.

und die Zahl der Autofahrer, die unter Drogeneinfluss am Steuer erwischt wurden, stieg um sieben Prozent.

Liverpools Wahrzeichen: der Liver Bird

Was London der Tower, Paris der Eiffelturm oder Venedig die Gondel ist, ist Liverpool der Liver Bird. Der Vogel ist das Wahrzeichen der Stadt und prangt daher auf offiziellen Briefköpfen, allen Stadtwappen und städtischen Mülleimern.

Schon anno 1350 hatte ein Vogel erstmals ein städtisches Siegel geziert, das sich heute im Britischen Museum in London befindet. Ein Adler, der als Symbol für den Apostel Johannes stand und an König John erinnern sollte, der Liverpool im Jahr 1207 zur Stadt erklärt hatte. Im 17. Jahrhundert aber war dies alles in Vergessenheit geraten. Der städtische Vogel nahm die Gestalt eines Kormorans an, wie er in den Gewässern rund um die Stadt damals häufig anzutreffen war.

So richtig zum Wahrzeichen der Stadt aber wurde der Liver Bird erst Anfang des letzten Jahrhunderts, als die Bauherren des Royal Liver Buildings am Pier Head (4) ihre beiden Uhrtürme mit **zwei fünfeinhalb Meter hohen Vögeln aus Kupfer** krönten und damit alte Mythen neu belebten. Auch die Legende vom Ende Liverpools: Sollte der Liver Bird eines Tages die Stadt verlassen, ist diese der Legende zufolge dem Untergang geweiht. Eine andere Legende besagt, dass die ehernen Vögel auf dem Royal Liver Building davonfliegen würden, wenn ein ehrenwerter Liverpooler Mann und eine Liverpooler Jungfrau in Liebe zusammenfänden.

Nach dem Willen ihrer Schöpfer halten die beiden Vögel auf dem Hochhaus Tag und Nacht symbolisch über Liverpool Wacht. Dabei soll das Männchen auf der Stadtseite ein Auge auf das Wohl der Menschen werfen, das Weibchen gegenüber auf den Wohlstand achten, der sich damals vor allem im Hafen doku-

› *Der Mersey als Magnet: Liverpools City wächst und wächst ...*

mentierte. Das Volk freilich sah und sieht das bis heute anders. Für die Liverpudlians hält das hoch über dem Mersey platzierte Vogelweibchen nach heimkehrenden Matrosen Ausschau, sein männliches Gegenstück dagegen nach offenen Pubs.

Gestaltet hat die Wappenvögel auf dem Dach des Liver Buildings übrigens der Sohn eines Schwarzwälder Holzschnitzers, den die Liebe nach England verschlagen hatte.

Noch immer sind die Liver Birds das Symbol der Stadt. Und auch in Zukunft wird Liverpool an ihnen als Markenzeichen festhalten – wie auch der Fußballclub Liverpool FC, der sich den Vogel als Marke hat urheberrechtlich schützen lassen. **Neuste Darstellungen des Liver Birds** aber zeigen ihn nicht mehr mit einem Zweig Seegras im Schnabel, sondern mit einem Pinsel und einer Schreibfeder. Auf diese Art bringen Künstler vereinzelt Liverpools Richtungswechsel von der Hafenstadt zur Kunst- und Kulturmetropole zum Ausdruck.

Zwischen Tradition und Moderne

Noch ist Liverpools Entwicklung nicht abgeschlossen. Immer wieder schmiedet man neue Pläne für die Zukunft. Ihre Verfechter bauen dabei auf weiter steigendes Wachstum, setzen auf Firmen und Betriebe, die ihre Büros an den Mersey verlagern. Und auf Menschen, die in den neuen Einkaufstempeln shoppen und in den neuen Häusern am Flussufer wohnen sollen.

Den Wandel der Stadt spiegeln auch ihre Beschäftigten wider. Waren die Liverpudlians vor einem Jahrhundert noch vorwiegend in Fabriken beschäftigt, körperliche Arbeit also die Regel, verdienen die meisten heute ihr Geld im **Dienstleistungsgewerbe.** Mehr als zwei Drittel aller Beschäftigten sind im öffentlichen Dienst, im Erziehungs- und Gesundheitsbereich, im Touristiksektor oder bei Banken oder Versicherungen angestellt.

144lp Abb.: gs

Wer die Uferpromenade in Birkenhead entlangbummelt – die Mersey-Fähren ④ bringen den Reisenden schnell dorthin – sieht dem neuen Liverpool am besten ins Gesicht. Die klassische **Skyline** der Stadt, fast ein Jahrhundert das Bild Liverpools prägend, wird zunehmend von Wolkenkratzern bestimmt. West Tower heißt der höchste: ein 40-stöckiges Bürohaus, das sich 140 Meter in den Liverpooler Himmel reckt.

Doch das andauernde Facelifting ist nicht unumstritten. Manche fürchten, die **Stadt könnte ihre Identität verlieren,** sich künftig endgültig einreihen in die Metropolen des Big Business, deren Boutiquen und kulinarische Tempel sich allesamt ähneln.

Längst sind **multinationale Investoren die heimlichen Herrscher** Liverpools. Und das in einer Stadt, die politisch traditionell eher links wählt. So regiert seit vielen Jahren die Labour Party mit überwältigender Mehrheit die Stadt, während die Konservativen kaum eine Rolle spielen. Dies erklärt auch, warum sich Liverpools Wähler bei der Abstimmung über Großbritanniens Verbleib in der EU **gegen den Brexit** stemmten. Bei den letzten Wahlen zur Stadtversammlung im Mai 2023 erreichte Labour 53 Prozent der Stimmen, die Liberaldemokraten gut 21 Prozent.

Die Stadt Liverpool wird übrigens von gleich drei separaten Bürgermeistern regiert, von denen jeder seine eigenen Funktionen und Befugnisse hat. Der **Mayor** wird alle vier Jahre direkt von der Öffentlichkeit gewählt. Er ist verantwortlich für die Leitung des Stadtrats, der die Finanzen der Stadt überwacht und den politischen Rahmen für die Stadtverwaltung absteckt. Daneben gibt es den **Lord Mayor,** der von den Ratsmitgliedern gewählt wird. Seine Rolle ist auf ein Jahr begrenzt und meist repräsentativ. Als erster Bürger der Stadt vertritt er Liverpool bei Veranstaltungen und religiösen Zeremonien. Der **Metro Mayor** vertritt die Metropolregion Liverpool und wird alle vier Jahre direkt vom Volk gewählt. Er kümmert sich um stadtübergreifende Themen wie Verkehr, Tourismus, Kultur und wirtschaftliche Entwicklungen. In seinem Verantwortungsbereich liegen auch wichtige Entscheidungen über die **Zukunft der Stadt.**

Nach dem Entzug des Gütesiegels Weltkulturerbe werden die Politiker v. a. daran gemessen, ob sie den Wohlstand mehren können – schließlich hinkt das Durchschnittseinkommen in Liverpool noch immer dem in anderen britischen Großstädten hinterher. Groß auch ist die Gefahr, dass die Politiker sich zu sehr von den privaten Stadtentwicklern beeinflussen lassen, die mit ihren vielen Milliarden Pfund der Stadt ein noch moderneres Gesicht verpassen wollen. So undurchsichtig wie die Firmengeflechte sind auch deren Finanzquellen, aus denen hin und wieder auch Bestechungsgelder in die Stadtspitze fließen. So wurde 2020 der Stadtbürgermeister wegen des Verdachts der Verschwörung zur Begehung von Bestechung und Zeugeneinschüchterung im Rahmen der Vergabe von Bauaufträgen festgenommen und aus der Labour-Partei ausgeschlossen. Im Vorjahr warf Labour sechs Stadtverordnete aus der Partei, die statt für aus Haushaltsgründen dringend nötige Etatkürzungen zu stimmen, lieber neue Millionen Pfund für weitere, teure Prestigeobjekte ausgaben. All dies sind Zeichen politischer Unruhe, die in Liverpool zwar nicht ungewöhnlich sind, aber nicht unbedingt von Stabilität zeugen.

PRAKTISCHE REISETIPPS

145lp Abb.: gs

An- und Rückreise

Allgemeine Überlegungen

Für die Reise nach Liverpool gilt gewöhnlich: **Größere Familien,** die Liverpool im Rahmen einer längeren England-Rundreise kennenlernen wollen, sind mit dem eigenen Auto nicht schlecht beraten.

Auch mit der **Bahn** ist man gut bedient. Schnelle Züge und gute Umsteige-Verbindungen bringen Urlauber heute in relativ kurzer Zeit auf die Insel. So beträgt die reine Schienenfahrzeit zwischen Köln und Liverpool im besten Fall nur noch sechs bis sieben Stunden – mit Umstiegen in Brüssel und London, die man durchaus mit kleinen Abstechern in die Hauptstädte Belgiens und Großbritanniens anreichern kann.

Für Kurzurlauber ist die An- und Abreise mit dem Flugzeug am besten. In den meisten Fällen, wenn man sich früh genug um ein Ticket kümmert, ist die Anreise mit dem Flieger auch am preiswertesten. Lufthansa etwa fliegt ab 139 € von Frankfurt nach Liverpool und zurück. Und viel teurer ist es auch nicht ins benachbarte Manchester, von dessen Flughafen Züge direkt zum Mersey fahren. Außerdem gibt es Billigfluggesellschaften, die Liverpool direkt anfliegen, so etwa Easyjet von Salzburg oder Genf und Ryanair von Wien aus. Unter Umständen rechnet sich auch ein Flug nach London, von dessen Airports Linienbusse bis nach Liverpool verkehren (National Express, www.nationalexpress.com).

◻ *Vorseite: Liverpool ist bunt, schräg und weltoffen*

Wichtig zu wissen

- Liverpool-Reisende müssen bei der Einreise einen **Reisepass** vorlegen. Nach dem Austritt Großbritanniens aus der Europäischen Union wird der Personalausweis nicht mehr als Einreisedokument anerkannt.
- Wer länger als sechs Monate im Land bleiben will, braucht ein **Visum.**
- Weiterhin Anerkennung findet der **EU-Führerschein** im Scheckkartenformat.
- Sinnvoll ist es auch, die **Grüne Versicherungskarte** für Pkw mitzunehmen, die etwa bei einem Unfall viel Ärger ersparen kann.

Nicht zuletzt lässt sich Liverpool auch mit einem **Abstecher nach oder von Dublin oder Belfast aus** kombinieren. Beide Städte sind mit regelmäßig verkehrenden Fähren an Liverpool angebunden. Dies bietet die Option, mithilfe eines Gabelflugs eine Woche Kultururlaub in Belfast, Dublin und Liverpool miteinander zu verbinden.

Auto

Für die Anreise mit dem Auto sollte man **mindestens einen Tag einkalkulieren.** Wer aus Österreich, der Schweiz oder Süddeutschland kommt, sollte zudem eine Übernachtung auf dem Weg einplanen. Hier einige beispielhafte **Entfernungen:**

- Berlin – Liverpool: ca. 1490 km, Fahrzeit ca. 17 Stunden
- München – Liverpool: ca. 1500 km, Fahrzeit ca. 16 Stunden
- Zürich – Liverpool: ca. 1350 km, Fahrzeit ca. 15 Stunden
- Wien – Liverpool: ca. 1850 km, Fahrzeit ca. 20 Stunden

Zu den Benzinkosten kommen allerdings noch die **Gebühren für die Fähre oder den Eurotunnel** hinzu. Billiger ist meist die Fähre von Calais nach Dover, deren Preise je nach Saison und Tageszeit variieren. Alternativen sind Fährverbindungen aus Belgien und den Niederlanden oder die kostengünstige Nachtfähre vom französischen Dünkirchen nach Dover.

Rechnet man alle Kosten zusammen, ist die Autofahrt meist teurer als eine Bus- oder Flugreise. Das Auto lohnt sich daher eigentlich nur für Familien, die sonst einen Leihwagen vor Ort anmieten würden.

› www.visitbritain.com
› www.aferry.de: Fährbuchungsportal mit gelegentlichen Schnäppchen

Bahn

Die Bahn ist eine bequeme und schnelle Alternative zum Auto, verglichen mit Bus und Flugzeug aber auch relativ teuer. Außerdem muss man mehrmals umsteigen. Über Verbindungen nach Liverpool informieren die Websites der Bahnunternehmen.

› Deutschland: www.bahn.de
› Schweiz: www.sbb.ch
› Österreich: www.oebb.at
› England: www.nationalrail.co.uk

Zugreisenden sei der **BritRail Pass** ans Herz gelegt, der ein bequemes und stressfreies Reisen in ganz Großbritannien ermöglicht. Dieser für Besucher gedachte Pass erlaubt unbegrenztes Bahnfahren auf der britischen Insel für einen oder mehrere Tage bis zu einem Monat und kann auch online bestellt werden.

› www.thetrainline.com/de/bahn/bahnticket/britrail-pass

Bus

Für jüngere Leute und Reisende mit viel Zeit ist die Anreise mit dem Bus überlegenswert – vor allem wenn man größeres Gepäck dabei hat. In der Regel fahren die Busse mit einem oder zwei Umstiegen nach London, so z. B. täglich aus Berlin (Fahr-

⊡ *Willkommen in Liverpool – die Lime Street Station* ⓭

075lp Abb.: gs

zeit 20 Std.). Von London geht es mit dem National Express oder einem anderen Anbieter weiter nach Liverpool (Fahrzeit ca. 5 Std., Fahrtkosten einfach: ca. 140–180 €).

Flugzeug

Die einfachste und schnellste Anreise erfolgt mit dem Flugzeug. **Liverpools Flughafen** im Süden der Stadt heißt **John Lennon Airport** (www.liverpoolairport.com) und ist mit diversen Buslinien gut an das öffentliche Verkehrsnetz angeschlossen. Es existiert eine direkte Verbindung (Bus Nr. 500) vom Flughafen in die Liverpooler Innenstadt. Die Busse verkehren alle 30 Minuten (Fahrzeit: ca. 45 Minuten, Taxis schaffen die Strecke in der halben Zeit).

Vielfältiger sind die Anreiseverbindungen über **Manchester** (www.manchesterairport.co.uk), das von fast allen großen Flughäfen in Deutschland, der Schweiz und Österreich angeflogen wird und von dem aus Liverpool mit Bus oder Bahn im besten Fall in einer knappen Fahrstunde erreicht wird. Direkt neben dem Flughafenterminal startet nahezu stündlich ein Zug. Endhaltestelle ist die Lime Street Station ⓭ in Liverpool (Informationen über Fahrzeiten und Preise unter www.thetrainline.com).

National-Express-Busse fahren vom Manchester Airport nonstop ins Liverpool One ⓯ (Fahrtzeit eine knappe Stunde). Noch schneller ist man mit einem **Taxi,** allerdings kostet eine Fahrt vom Flughafen ins Stadtzentrum gut 100 £. Meist lohnt es sich, ein Taxi bereits im Voraus zu bestellen.

Die besten Preise finden Flugreisende in der Regel, wenn sie die Websites der Fluggesellschaften selbst nach günstigen Angeboten durchforsten. Häufig kann man viel Geld sparen, wenn man seine Reise nur um ein paar Stunden oder Tage verlegt.

Autofahren

Parksituation

Kostenlose **Parkmöglichkeiten** in der City gibt es zwischen 8 und 18 Uhr nicht. „Controlled Parking Zone" heißen die Straßenparkplätze, die mit gelben Linien auf der Straße und entsprechenden Schildern gekennzeichnet sind. Die Parkgebühren betragen 1,20 £ für jede halbe Stunde. Tickets gibt es am Parkautomaten. Die Höchstparkdauer beträgt vier Stunden.

Länger kann man sein Fahrzeug in den zahlreichen städtischen Parkhäusern abstellen, die in der Regel zwischen 7 und 19.30 Uhr geöffnet sind, manche wie in der **Victoria Street** [J10] auch rund um die Uhr. Das Parkhaus direkt neben dem Einkaufszentrum **Liverpool One** ⓯ mit über 2000 Abstellplätzen ist eine der zahlreichen, ebenfalls rund um die Uhr geöffneten privaten Garagen.

Bei der Suche nach dem passenden Parkhaus helfen die folgenden Websites:

- https://en.parkopedia.co.uk
- www.justpark.com

Achtung und immer Augen auf! In England gilt Linksverkehr, trotzdem können in Ausfahrten (wie hier auf dem Foto) auch mal Fahrzeuge von links kommen.

Rechts verkehrt – britischer Verkehr

Doppelte gelbe oder rote Linien am Straßenrand bedeuten absolutes **Halteverbot.** Eine einzelne Linie, unterbrochen oder durchgezogen, bedeutet eingeschränktes Halteverbot. Falschparkern drohen hohe Geldbußen – wenn ihr Fahrzeug nicht gleich abgeschleppt oder mit Parkkrallen festgesetzt wird. **Motorräder** dürfen nicht auf Autoparkplätzen abgestellt werden. Für sie gibt es eigens ausgewiesene Parkmöglichkeiten.

In England herrscht **Linksverkehr,** man fährt auf der linken statt der rechten Straßenseite. Im Kreisverkehr muss man sich im Uhrzeigersinn einordnen. Für Fußgänger bedeutet das umgekehrt, beim Überqueren einer Straße zuerst nach rechts zu schauen, dann erst nach links. In Einbahnstraßen oder Ausfahrten verweisen Schriften wie „Look right" oder „Look left" auf der Fahrbahn, wohin man als Fußgänger seine Augen zu wenden hat.

Im Übrigen gelten auf der Insel **fast die gleichen Verkehrsregeln** wie auf dem Kontinent. Auch hier gilt grundsätzlich: rechts vor links. Das Schild „Give Way" und gestrichelte Doppellinien bedeuten, dass man keine Vorfahrt hat. In England wird das Tempo in Meilen gemessen, worauf sich jeder Fahrer einstellen sollte. Eine Meile entspricht 1,61 Kilometer. Die Höchstgeschwindigkeit in Ortschaften beträgt 30 mph (48 km/h), auf Landstraßen 60 mph (96 km/h), auf Autobahnen 70 mph (112 km/h). In Liverpool selbst gilt auf den meisten Straßen – nicht allerdings auf Durchgangsstraßen – Tempo 20 (32 km/h). Die Alkoholgrenze liegt bei 0,8 ‰ und natürlich sind auch in England Handy-Telefonate am Steuer verboten. Es ist auch wichtig zu wissen, dass im Auto **nicht geraucht** werden darf, wenn Kinder und Jugendliche im Fahrzeug

147lp Abb.: gs

sind und dass innerorts das **Hupen** nachts untersagt ist.

Tanken

Bleifreies Benzin heißt *petrol unleaded,* Normalbenzin *petrol* und Diesel *fuel.* Achtung: Diesel ist in England im Gegensatz zu den meisten europäischen Ländern nicht billiger als Benzin. Am besten tankt man an den Tankstellen der großen Supermärkte, wo der Kraftstoff meist preiswerter als etwa an den Autobahnen ist. Viele Zapfsäulen sind mit Automaten versehen, an denen man mit Karte zahlt. Wer einen Platz sucht, um die Batterie seines E-Autos zu laden, findet Rat unter www.zap-map.com.

Plattfuß am Mersey

Pannenhilfe bieten die beiden großen englischen Organisationen AA *(Automobile Association)* und RAC *(Royal Automobil Club)* sowie *Green Flag.* Da diese jedoch nicht verpflichtet sind, Nichtmitgliedern zu helfen, empfiehlt es sich, einen im Ausland gültigen Schutzbrief zu erwerben.

› **Pannenhilfe RAC:** Tel. 0333 2000999, www.rac.co.uk
› **Pannenhilfe AA:** Tel. 0333 0046046, www.theaa.com
› **Pannenhilfe Green Flag:** Tel. 0800 400600, www.greenflag.com

Mietwagen

Einen Mietwagen braucht man in Liverpool eigentlich nicht – es sei denn, man will das Hinterland entdecken. In diesem Fall ist es sinnvoll, vorab ein Fahrzeug zu buchen, entweder direkt beim Verleiher oder über Internetportale wie z. B.:

› www.billiger-mietwagen.de

Barrierefreies Reisen

Für Behinderte ist Liverpool ein Reiseziel **ohne große Hindernisse.** Fast alle großen kulturellen Einrichtungen wie Museen und Theater sind behindertengerecht ausgestattet. Die meisten großen öffentlichen Parkplätze haben Halteflächen für Behinderte ausgewiesen. Alle schwarzen Taxis sind rollstuhlgerecht eingerichtet, die meisten ihrer Fahrer den Umgang mit Behinderten gewohnt.

Auch **Bus und Bahn** sind auf die Bedürfnisse Behinderter eingestellt. Merseyrail unterhält im Großraum Liverpool ein Service-Telefon für alle, die beim Reisen auf Hilfe angewiesen sind: Tel. 7022704. Für alle nationalen Züge gibt eine Website Hilfestellung:

› www.nationalrail.co.uk/on-the-train/accessible-train-travel-and-facilities

Generelle Informationen über behindertengerechte Reisemöglichkeiten finden sich unter:

› www.gov.uk/transport-disabled

Diplomatische Vertretungen

› **Botschaft der Bundesrepublik Deutschland,** 23 Belgrave Square/Chesham Place, London SW1X 8PZ, Tel. +44 (0)20 78241300, www.uk.diplo.de
› **Österreichische Botschaft,** 18 Belgrave Mews West, London SW1X 8HU, Tel. +44 (0)20 73443250, www.bmeia.gv.at/oeb-london
› **Schweizer Botschaft,** 16–18 Montagu Place, London W1H 2BQ, Tel. +44 (0)20 76166000, www.eda.admin.ch/london

Ein- und Ausreisebestimmungen

Deutsche, Schweizer und Österreicher brauchen zur Einreise einen **Reisepass** (ein Personalausweis reicht nicht aus). Aufenthaltsgenehmigungen sind erforderlich, wenn man sich länger als sechs Monate in Großbritannien aufhalten will. Bei der Ein- und Ausreise sind zudem die jeweils gültigen Zollbestimmungen zu beachten.

Elektrizität

In Großbritannien kommt in der Regel 240-V-Wechselstrom/50 Hz aus der Steckdose. Elektrogeräte mit 220 V können daher genutzt werden.

Ein Problem ist aber der **Stromanschluss**, denn in manchen Fällen passen kontinentaleuropäische Stecker nicht in die britischen, **dreipoligen Steckdosen.** Ein dreizinkiger **Adapter** *(plug/adapter)* sollte also Bestandteil des Reisegepäcks bei einem Besuch in England sein.

Geldfragen

Preisniveau

Das Preisniveau in Liverpool unterscheidet sich wenig vom deutschen, wenn man Städte mit ähnlich hohem Kultur- und Unterhaltungsangebot wie München oder Hamburg zum Vergleich heranzieht.

Währung

Britische Pfund (£) sind die nationale Landeswährung. 1 Pfund entspricht 100 **Pence**, abgekürzt „p“. Es gibt

Wechselkurse

Den Wechselkurs findet man tagesaktuell unter www.oanda.com.

1 € = 0,87 £
1 £ = 1,15 €
1 Sfr = 0,92 £
1 £ = 1,09 Sfr

(Stand: Ende 2023)

Münzen zu 1, 2, 5, 10, 20 und 50 Pence sowie 1 und 2 Pfund, Scheine existieren im Wert von 5, 10, 20 und 50 Pfund. Mitte 2024 sollen die jetzt noch mit Bildern der verstorbenen Queen Elizabeth versehenen Banknoten um Scheine ergänzt werden, die den neuen König Charles zeigen. Die alten Scheine aber bleiben vorerst weiter gültig.

Die **Mehrwertsteuer** beträgt 20 % – Lebensmittel, Bücher und Busfahrkarten sind jedoch von der Mehrwertsteuer befreit.

Kartenzahlung

Geschäfte, Restaurants und Hotels, Museen, Tankstellen und große Firmen akzeptieren in der Regel alle gängigen **Debit- und Kreditkarten.** Debitkarten (in Deutschland auch als Girocard bekannt) mit Maestro-Funktion sind noch bis zu ihrem Laufzeitende gültig, werden aber seit Juli 2023 sukzessive gegen sog. Mastercard-Debit-Karten ausgetauscht, mit denen man ebenfalls im Ausland zahlen und Geld abheben kann. Debitkarten mit V-Pay-Symbol funktionieren außerhalb der EU generell nicht, die neuen Visa-Debitkarten hingegen in der Regel schon. Viele Banken sperren Debitkarten aus Sicherheitsgründen für den Einsatz im

Liverpool preiswert

Preisvorteile verschafft der **Liverpool Pass** Beatles- und Fußballfans: Er bietet freien Zugang zum Museum des Liverpool FC (s. S. 49), zum Strawberry Field (s. S. 46) und zur Beatles Story 2 am Albert Dock. Kostenfrei ist zudem der Besuch der British Music Experience (s. S. 27), eine Rundfahrt mit der Mersey-Fähre (s. S. 122) und eine Tour mit dem City Explorer, einem Hop-On-Hop-Off-Bus (s. S. 121). Tickets gibt es mit einer Gültigkeit von 24 oder 48 Stunden, vom Einzelpass bis zum Familienticket. Preise ab 54,99 £.
› https://liverpoolpass.co.uk

Saveaway-Tickets nennen sich die Sparangebote im öffentlichen Nahverkehr. So offeriert Merseytravel ein eintägiges Billigticket, das am Wochenende, feiertags und werktags außerhalb des morgen- und abendlichen Berufsverkehrs ab 9.30 Uhr gültig ist. Die Karten sind nicht übertragbar und gelten nur in den gelösten Zonen. Das Ticket für alle Zonen, das auch für Ausflüge nach Chester oder Southport gültig ist, kostet 6 £. Günstiger ist es für alle, die nur im engsten Stadtgebiet unterwegs sind. Dann kostet das Tagesticket 4,60 £. Die Fahrkarten gibt es in allen Merseytravel-Zentren, z. B. am Busbahnhof Liverpool One 15. Infos:
› www.merseytravel.gov.uk

Wer neben Liverpool noch andere Ziele in England besucht, ist mit einem **National Trust Touring Pass** gut bedient. Die nur für Ausländer gültigen Touristenpässe gewähren kostenlosen Zutritt zu über 300 historischen Gärten und Häusern in England und Nordirland – in Liverpool etwa zu den Elternhäusern von John Lennon 21 und Paul McCartney 22, zur Speke Hall und zu The Hardman's House (s. S. 41) in der Rodney Street 17. Die Pässe haben 7 oder 14 Tage Gültigkeit und werden per Bestellung nach Hause geschickt. Es gibt sie als Einzel-, Doppel- oder Familienpass (37–91 £). Zusammen mit dem Pass erhält man eine Broschüre, in der alle Einrichtungen, die man kostenlos besichtigen kann, verzeichnet sind. Auch online zu beziehen:
› https://shop.nationaltrust.org.uk

Restaurantbesucher, die früher als andere zu Abend essen, können manchmal Geld sparen. **Early Evening Dinner** heißt das Zauberwort, das bei Restaurant-Bestellungen vor 19 Uhr (manchmal auch vor 18 Uhr) erhebliche Preisabschläge gewährt. Es lohnt sich also, die ausgehängten Speisekarten zu studieren.

◁ *Der Liverpool Pass gewährt u. a. freien Eintritt in The Beatles Story* 2

außereuropäischen Ausland oder beschränken den Verfügungsrahmen. Man sollte sich im Vorfeld erkundigen und die Karte ggf. freischalten lassen.

Für manche Hotelbuchungen, die Miete von Autos oder Ähnliches ist eine Kreditkarte erforderlich. Debitkarten (die keinen Verfügungsrahmen haben, sondern bei denen die Beträge direkt vom Girokonto abgebucht werden) ersetzen diese i. d. R.nicht.

Bargeld zieht man am besten in Liverpool aus dem Bankautomaten. Beim Abheben von Bargeld in Landeswährung wird manchmal angeboten, dass die Abrechnung mit dem eigenen Konto in Euro erfolgen kann. Das Verfahren ist als **Dynamic Currency Conversion (DCC)** bekannt. Wählt man diese Option, die ja sicherer erscheint, wird aber ein ungünstiger Wechselkurs zugrundegelegt, der erhebliche Kosten verursachen kann. Deshalb sollte man Abhebungen immer in der Landeswährung vom eigenen Konto abbuchen lassen. Dann legt die eigene Bank den offiziellen Devisenkurs zugrunde.

Hunde

Hunde kann man nach Liverpool mitnehmen – abgesehen von ein paar bestimmten Rassen wie Pitbull Terrier. Während der Fährüberfahrt muss der Vierbeiner im Auto bleiben – anders als auf der Fahrt durch den Eurotunnel, wo der Hund bei Herrchen oder Frauchen sitzen darf. Zur Einreise braucht das Tier einen offiziellen Heimtierausweis, eine Tollwutimpfung sowie den Nachweis für eine Bandwurmbehandlung in den letzten fünf Tagen vor der Einreise.

› **Infos:** www.gov.uk/bring-pet-to-great-britain

Informationsquellen

Infostellen in der Stadt

Touristeninformationen

ℹ **110** [K9] **TIC Liverpool ONE,** 5 Wall Street, L18JQ, Tel. 3510300, www.visitliverpool.com/plan-your-visit/visitor-centres, Mo.–Sa. 9.30–17.30, So. 10.30–17 Uhr

Bibliotheken

In Liverpool gibt es zahlreiche öffentliche Büchereien. Die größte und zentrale Bibliothek ist die **Central Library** (11), die auch über öffentliche Computerterminals verfügt. Im ganzen Gebäude gibt es zudem **kostenloses WLAN.**

Liverpool-Apps

› **Merseyrail:** offizielle App des Verkehrsverbunds für alle, die mit Bahn und Bus in der Region unterwegs sind (kostenlos für Android und iOS)

› **The Beatles Radio:** App für alle Beatles-Fans, die Beatles-Programme von Radiosendern sammeln (kostenlos für Android und iOS)

› **Liverpool Echo:** App der einzigen Liverpooler Tageszeitung (s. S. 114) mit Veranstaltungstipps und Lokalnachrichten (kostenlos für Android und iOS)

Zentrales Infotelefon

Für alle Touristen bietet Visit Liverpool ein breit gefächertes Infoangebot:

› **Zentrales Info-Telefon:** Tel. +44(0)151 3510300

› **Aktuelle Informationen im Internet** zu allen touristischen Angeboten, Neuerungen und Änderungen: www.visitliverpool.com

Meine Literaturtipps

- Guedson/Margotin, **Beatles Total: Die Geschichten hinter den Songs,** Delius Klasing, Bielefeld 2014. Yeah, Yeah, yesterday! Ein reich bebildertes Buch für alle Fans der Liverpooler Band, mit kenntnisreichen Hintergrundgeschichten zu wirklich allen Beatles-Songs. All you need is love – and this book!
- Miall/Milsted, **So sind sie, die Engländer,** Reise Know-How Verlag, Bielefeld 2017. Wer das Volk auf der Insel verstehen will, findet in dem amüsant geschriebenen Werk die eine oder andere Erklärung. Kompakt und informativ!
- Luca Veste, **Die Lektion des Todes,** Blanvalet, München 2015. Packender Psychothriller aus Liverpool. Er bringt dem Leser die Stadt nach dem Mord an einer Studentin im Sefton Park aus der Sicht der polizeilichen Ermittler näher. Das Richtige für den Rückweg aus Liverpool!
- Martion Rafelt, **Vollgasfußball: Die Fußballphilosophie des Jürgen Klopp,** Verlag Die Werkstatt, Göttingen 2016. Porträt des Liverpooler Trainers. Fußballgeschichte und Taktik vereint auf 176 hochinteressanten Seiten.
- Philip Norman, **Paul McCartney,** Piper, München 2017. Die erste autorisierte Biografie von „Sir Paul“. Fast tausend Seiten, die einem den Liverpooler näherbringen. Nicht nur für Fans der Fab Four!
- Lifka/Pfarr: **Hilfe. 10 Beatles-Krimis,** Leinpfad Verlag, Ingelheim 2011. Für alle Beatles-Fans zur Einstimmung, schräge Kriminalgeschichten um die Fab Four.

Die Stadt im Internet

- **www.merseytravel.gov.uk:** aktuelle Informationen zum Nahverkehr in der Region. Die wichtigste Website für alle, die auf Bus, Bahn oder Fähren angewiesen sind.
- **www.artinliverpool.com:** kompakte Website für alle Kulturinteressierten, die viele aktuelle Informationen zur Kunst- und Kulturszene am Mersey bietet
- **www.liverpool.gov.uk:** offizielle Website der Stadtverwaltung mit vielen hundert Seiten zum Stadtleben
- **www.bbc.co.uk/liverpool:** Seiten der regionalen BBC-Redaktion mit aktuellen Nachrichten, Wetterbericht und Meldungen zum örtlichen Fußball
- **www.liverpool.com:** kommerzielle Website der örtlichen Tageszeitung mit Musik- und Ausgehtipps, aktuellen Theater- und Museumsnews, Essens- und Gesundheitsratschlägen
- **www.liverpool.ac.uk:** offizielle Website der Universität Liverpool mit vielen interessanten Artikeln zu neusten Forschungen

Publikationen und Medien

Liverpool hat nur noch eine Tageszeitung, das „Liverpool Echo“, das auch eine Online-Redaktion unterhält:

- www.liverpoolecho.co.uk

Die **BBC** strahlt seit 1967 ein eigenes Regionalprogramm aus: **Radio Merseyside.** Außerdem gibt es eine Reihe weiterer Lokalsender.

- www.bbc.co.uk/radiomerseyside

Internet

Alle Hotels und ein Großteil der Cafés, Restaurants und Bars verfügen über **WLAN, fast immer kostenlos.** Auch viele Museen bieten ein kostenloses WLAN-Netz. Sogar im Stadion an der Anfield Road 24, der Spielstätte des Liverpool FC, gibt es für alle Fußballfans ein drahtloses Netzwerk.

Zum Nulltarif stehen in allen öffentlichen **Bibliotheken** (s. S. 113) Computer zur Verfügung, die man gewöhnlich eine Stunde kostenlos nutzen darf. Auch in vielen **Einkaufszentren** gibt es WLAN.

LGBT+

Die LGBT-Szene in Liverpool ist groß und vielfältig. Das breite Vergnügungsangebot, von Museumsbesuchen über Konzerte bis hin zu anspruchsvollem zeitgenössischem Theater – Shakespeares Romeo und Julia wurde in Liverpool zum Beispiel mit einem schwulen Pärchen inszeniert – lockt immer mehr Schwule, Lesben, Bisexuelle und Transgender in die Stadt. Experten schätzen, dass die Community im Großraum Liverpool inzwischen mehrere zehntausend Menschen umfasst.

Besonders groß ist die Transgendergemeinde, die als die größte Englands gilt und längst auch ihre eigenen Veranstaltungen hat. Als LGBT-Quartier (Pride Quarter) hat Liverpool die Gegend um Stanley Street, Dale Street, Eberle Street und Cumberland Street mit **regenbogenfarbenen Straßenschildern** ausgewiesen. Außerdem organisiert die Stadt jährlich im Sommer eine große Gay-Parade mit dem Namen **Liverpool Pride** und jeden November gibt es ein mehrtägiges Festival für die queere Community. Andererseits registriert Merseyside aber auch die höchste Rate an **LGBT-feindlichen Attacken** in Großbritannien.

- www.liverpoolpride.co.uk
- www.homotopia.net

Lokale

- **111** [J10] **G-Bar,** 1–7 Eberle Street, L2 2AG, Tel. 2364416, www.g-bar.com, Fr. 23–6, Sa. 23–7 Uhr. LGBT-Treff, in dem meist bis zum Morgengrauen getanzt und gefeiert wird.
- **112** [J10] **Superstar Boudoir,** 22–24 Stanley Street, L1 6AF, Tel. 2274590, www.facebook.com/superstarboudoirliverpool, Mo.–Mi. 22–4, Do., So. 22–3, Fr., Sa. 21–5 Uhr. Mitten im Gay-Viertel feiern Dragqueens und andere Nachtschwärmer.
- **113** [J10] **The Lisbon,** 35 Victoria Street, L1 6GB, Tel. 2316831, www.facebook.com/lisbonbarliverpool, Di.–Do., So. 15–24, Fr., Sa. 15–2.30 Uhr. Etwas plüschiger Club.

Maße und Gewichte

Auch wenn in England offiziell das metrische System gilt: Entfernungen und Flüssigkeitsmengen misst man hier noch immer in Meilen oder Pints. Auch andere alte Maßeinheiten findet man vielerorts vor. Hier eine Aufstellung der Wichtigsten:

- 1 inch (in) = 2,54 cm
- 1 foot (ft) = 30,48 cm
- 1 yard = 91,44 cm
- 1 mile = 1,61 km
- 1 acre = 0,4 ha
- 1 pint = 0,57 l
- 1 gallon = 4,55 l
- 1 ounce (0z) = 28,35 g
- 1 pound (lb) = 453 g

Medizinische Versorgung

Das staatliche britische Gesundheitssystem wurde immer wieder gescholten. Dennoch ist es oft besser als sein Ruf. In den großen Universitätskliniken finden sich zudem immer wieder deutschsprachige Ärzte. Der staatliche Gesundheitsdienst, **National Health Service (NHS)**, bietet allen ausländischen Besuchern eine kostenlose ambulante Notfallbehandlung sowohl bei niedergelassenen Ärzten als auch in den Unfallstationen der Krankenhäuser. Notaufnahmen werden „Accident and Emergency“ (A & E) genannt.

Neben den Kliniken gibt es sogenannte „Health Centre“, in denen sich mehrere Ärzte zusammengeschlossen haben. „Walk-In Centre“ stehen fast rund um die Uhr für alle leichteren Beschwerden wie Durchfall oder Erkältung offen. Die **Europäische Krankenversicherungskarte** ist auch in Großbritannien noch gültig. Trotzdem raten Experten, vor Reiseantritt eine **Reisekrankenversicherung** abzuschließen, welche die Kosten einer Privatbehandlung und gegebenenfalls den Rücktransport übernimmt.

114 [K11] **Liverpool City NHS Walk-In,** 6 David Lewis Street, Tel. 2476500, tgl. 8–20 Uhr. Anlaufstelle bei leichten Schmerzen und Gesundheitsproblemen wie Erkältung, Schnittwunden oder Übelkeit.

115 [N10] **Royal Liverpool Hospital,** Mount Vernon Street, L78YE, Tel. 0874 420104, www.liverpoolft.nhs.uk/new-royal. Das Royal Liverpool Hospital ist eine gut ausgestattete Universitätsklinik für alle Fälle. Rund um die Uhr geöffnet.

116 [N10] **Royal Liverpool University Dental Hospital,** Pembroke Place, L3 5PS, Tel. 7062000, Mo.–Fr. 9–17 Uhr. Behandelt werden nur schwere Zahnverletzungen.

Die unter der Bezeichnung „Dispensing Chemist“ oder „Pharmacy“ geführten **Apotheken** werden nicht immer von einem ausgebildeten Apotheker geführt. Fachmännische Beratung bekommt man gewöhnlich bei Boot's – etwa im Clayton Square Shopping Centre (Mo.–Sa. 9–19, So. 11–17 Uhr):

› www.boots.com

Über die nachts geöffneten Apotheken und Standorte aller *pharmacies* informiert der National Health Service (NHS).

› www.nhs.uk/service-search/pharmacy/find-a-pharmacy

Nicht rezeptpflichtige Arzneimittel wie Aspirin oder Vitamintabletten erhält man meist auch im Supermarkt.

Mit Kindern unterwegs

Fast alle Museen haben sich inzwischen **auf junge Gäste eingestellt.** So hat die Walker Art Gallery 12 eine eigene Kinderabteilung, wo die Jüngsten unter fachlicher Aufsicht spielen und werkeln können. *Little Liverpool* heißt das Angebot für die unter Sechsjährigen im **Museum of Liverpool** 3. Das Erlebnismuseum **Imagine That** (s. S. 60) richtet sich ausdrücklich an Kinder. Andere Ausstellungshäuser laden hin und wieder zu Rollenspielen ein, bei denen sich Kinder verkleiden können. Im Museum **The Beatles Story** 2 gibt es eine kindgerechte *discovery* *zone*, in der man Liverpools berühmtesten Musikern näher kommt. Und in **Speke Hall** (s. S. 84) erzählen die Führer Kindern wunderbare Geister- und Spukgeschichten. Alle diese Veranstaltungen sind allerdings auf Englisch!

Bei schönem Wetter ist eine **Fahrt mit der Mersey-Fähre** angeraten, die einen in die Technik- und Wissenschaftserlebniswelt Eureka! 26 auf der anderen Mersey-Seite bringt.

Wer sich gern bewegt, ist bei **Air Unlimited** bestens aufgehoben, wo genügend Platz zum Hüpfen und Springen auf Trampolinen und anderen Geräten ist. Wagemutige besuchen das **Kletterzentrum** Awesome Walls Centre (s. S. 120). Hier lernt man unter fachkundiger Führung, in verschiedenen Schwierigkeitsstufen steilstes Gelände zu überwinden. Skater sind in einer der größten Skate-Anlagen Großbritanniens richtig, dem **Rampworx Skatepark** (s. S. 120) im Stadtteil Netherton. Und die Rennfahrer von morgen können bei **Teamsport Go Karting** schon mal üben – vorausgesetzt, sie sind mindestens 8 Jahre alt.

S117 **Air Unlimited,** Unit 4 Compass East, Speke, L24 1YH, Tel. 0330 0882010, www.airunlimited.co.uk, Mo.–Do. 10–19, Fr. 10–20, Sa. 9.30–20, So. 9.30–18 Uhr, ab 11,95 £. Hüpfen, laufen und rutschen auf Trampolinen und anderen Geräten.

S118 [L17] **Teamsport Go Karting,** 182 Sefton Street, L3 4BQ, Tel. 01252 732300, www.team-sport.co.uk/go-karting-liverpool, tgl. 9–23 Uhr, ab 35 £ für zwei 15-Minuten-Runden

Die interessantesten Kinderattraktionen finden sich jedoch außerhalb der Stadt. So etwa der **Knowsley Safari-Park** 29 in Prescot, wo Besucher die wilden Tiere bei einer Rundfahrt vom eigenen Auto aus beobachten können. Karussells und andere Fahrgeschäfte, eine Miniatureisenbahn (www.southportmodelrailwayvillage.co.uk) und ein riesiger Aqua-Park (www.splashworldsouthport.com) locken im **Badeort Southport** 31, 50 Bahnminuten von Liverpool entfernt.

076lp Abb.: gs

Riesenspaß im Riesenrad (s. S. 21) vor der M&S Bank Arena

Notfälle

Bei Unfällen ruft man die **landesweite Notrufnummer Tel. 999.** Dieser allgemeine Notruf gilt sowohl für Polizei *(police)* als auch für Feuerwehr *(fire brigade)* und Krankentransport *(ambulance)*. Anrufe sind immer kostenfrei.

Kartenverlust

Bei **Verlust der Debit-/Giro-, Kredit- oder SIM-Karte** gibt es für Kartensperrungen eine **deutsche Zentralnummer** (unbedingt vor der Reise klären, ob die eigene Bank beziehungsweise der jeweilige Mobilfunkanbieter diesem Notrufsystem angeschlossen ist). **Aber Achtung:** Mit der telefonischen Sperrung sind die Bezahlkarten zwar für die Bezahlung/Geldabhebung mit der PIN gesperrt, nicht jedoch für das **Lastschriftverfahren mit Unterschrift.** Man sollte daher auf jeden Fall den Verlust zusätzlich **bei der Polizei zur Anzeige bringen,** um gegebenenfalls auftretende Ansprüche zurückweisen zu können.

In **Österreich** und der **Schweiz** gibt es keine zentrale Sperrnummer, daher sollten sich Besitzer von in diesen Ländern ausgestellten Debit- oder Kreditkarten vor der Abreise bei ihrem jeweiligen Kreditinstitut über den zuständigen Sperrnotruf informieren.

Generell sollte man sich immer die **wichtigsten Daten** wie Kartennummer und Ausstellungsdatum **separat notieren,** da diese unter Umständen abgefragt werden.

- **Deutscher Sperrnotruf:** Tel. +49 116116 oder Tel. +49 3040504050
- **Weitere Infos:** www.kartensicherheit.de, www.sperr-notruf.de

Öffnungszeiten

- **Geschäfte:** Mo.-Sa. 10-17.30 Uhr (Kernzeit), So. 12-18 Uhr
- **Banken:** Mo.-Fr. 9.30 -16.30 Uhr, Sa. 9-12.30 Uhr
- **Museen:** 10-16 Uhr (Kernzeit), montags häufig geschlossen

Post

Die britische Post heißt **Royal Mail,** ihr Gebührensystem ist sehr kompliziert geworden und richtet sich auch bei Briefen und Postkarten nach dem Gewicht. Die passenden Marken gibt es bei der Post, in Läden und Tankstellen, die mit *„stamps sold here"* beschildert sind, oder im Internet zum Ausdrucken. Die Sendungen sind in der Regel drei bis fünf Tage unterwegs. Versender von Paketen müssen eine Zollerklärung ausfüllen.

- www.royalmail.com
- **Post Office im Liverpool One** 15, 1st Floor WHSmith, 1-3 South John Street, L1 8BN, Tel. 7076606, Mo.-Sa. 9-18, So. 11-15 Uhr

Radfahren

Liverpool ist eine fahrradfreundliche Stadt. In den letzten Jahren wurde das **Radwegenetz weiter ausgeweitet,** überall wurden neue Radabstellplätze geschaffen.

Fahrräder können in Zügen und auf den Mersey-Fähren – sofern Platz ist – außerhalb der werktäglichen Spitzenzeiten (6.30-9.30 und 16.30-18 Uhr) problemlos mitgenommen werden.

Im Internet bietet die Region kostenlose Radkarten *(maps)* und Tourenvorschläge (https://liverpool.

gov.uk/parking-roads-and-travel/getting-around-liverpool/cycling).

Wegen jährlicher Verluste von über 300.000 £ hat die Stadt den Verleih von Fahrrädern eingestellt, bemüht sich allerdings, im Laufe des Jahres 2024 einen neuen geeigneten Anbieter zu finden. Im Gespräch ist die Firma VOI, die bereits ein Netz von E-Scootern in Liverpool unterhält. Eine Alternative ist es, ein Hotel zu buchen, das Fahrräder ausleiht.

Sicherheit

Liverpool gehört **zu Englands sicheren Städten**. Die Kriminalitätszahlen sind insgesamt zwar leicht gestiegen, die Zahl der schweren Gewalttaten aber zurückgegangen. Größtes Problem ist *antisocial behaviour,* wie Schlägereien, Sittlichkeitsdelikte, Vandalismus, Beleidigungen und andere Delikte im Polizeijargon heißen. Kriminalstatistiker führen diese Delikte, großteils in alkoholisiertem Zustand ausgeübt, auf die Dichte der Bars, Diskotheken und Pubs zurück.

Krawallmachern, die vor allem nach Schließung der Diskotheken und Clubs in den Vergnügungsvierteln unterwegs sind, gilt es grundsätzlich aus dem Weg zu gehen. Auch sollte man sich nie auf Drogengeschäfte einlassen.

Grundsätzlich gilt: Keine Gegenstände im Auto zurücklassen! Auf Großveranstaltungen oder im Einkaufsgedränge in den Shopping Malls sollte man sich zudem vor **Taschendieben** hüten. Besondere Vorsicht ist insbesondere freitag- und samstagabends in den Vergnügungsvierteln geboten.

Auch in Stadtteilen wie Croxteth oder Everton sollte man – ebenso wie in Parkanlagen – bei Dunkelheit nicht alleine unterwegs sein. Vermeiden sollten Sie abends auch leere Abteile in Zügen oder nicht zugelassene Taxis.

Wenn Sie den Eindruck haben, verfolgt zu werden, suchen Sie den nächsten öffentlichen Platz auf und bitten um Hilfe. Tragen Sie auf keinen Fall teuren Schmuck, Fotoapparate oder Handys zur Schau.

Sport und Erholung

Liverpool Leisure Centres nennen sich die städtischen Freizeiteinrichtungen wie Schwimmbäder, Saunas, Turn- oder Gymnastikhallen. Dort lassen sich fast alle Arten von Sport wie Basketball, Karate, Aerobic, Schwimmen, Trampolinspringen, Boxen oder Tai Chi treiben. Über die genauen Öffnungszeiten und Eintrittspreise der Sport- und Freizeiteinrichtungen informiert die folgende Website:

› https://lifestyles.liverpool.gov.uk

Reiten

S119 **Grand National Experience Aintree Racecourse,** Ormskirk Road, Aintree, L9 5AS, Tickets: Tel. 0844 5793001, Bahnstation: Aintree Station (ab Liverpool Central). Vor den Toren der Stadt findet sich mit Aintree eine der spektakulärsten Pferderennbahnen der Welt. Millionen Fernsehzuschauer verfolgen jährlich den **Grand National Steeplechase,** den traditionellen Hindernislauf im Liverpooler Hinterland. Wegen seiner Anforderungen an die Pferde – Aintrees Massenstürze sind berüchtigt – ist die Veranstaltung unter Tierschützern allerdings sehr umstritten. Wer sich für Pferdesport interessiert, kann die Anlage fast das ganze Jahr über besuchen.

Golf

Merseyside gilt als Englands Golf-Metropole, finden sich doch in keiner anderen Gegend so viele meisterschaftstaugliche Anlagen. **Royal Birkdale** und **Royal Liverpool** sind die Flaggschiffe britischen Golfsports, Anlagen mit Weltniveau. Wer preiswertere und einfachere Plätze sucht, sollte die Website www.liverpool.gov.uk/lifestyles zurate ziehen.

S120 **Royal Birkdale Golf Club,** Waterloo Road, Southport PR8 2LX, Tel. 01704 552020, www.royalbirkdale.com. Der 1889 gegründete Club gilt als eine der ersten Adressen für Golfsport in England. Hier können Besucher mit entsprechendem Handicap-Zertifikat auf dem 18-Loch-Platz eine Runde drehen (werktags ab 185 £, nur nach Voranmeldung, auch online).

MEIN TIPP

Awesome Walls – Klettern in der Kirche

Lust auf Klettern? Kein Problem in Liverpool, besuchen Sie einfach die St. Albans Church. Eine Kirche? Tatsächlich, im Inneren des Sakralbaus befindet sich heute einer der größten Klettergärten Englands mit Hunderten von Routen aller Schwierigkeitsgrade.

Auch für die kleinen Besucher ist die Kirche interessant: Für Kinder gibt es eigene Routen, auf denen sie von erfahrenen Kletterkünstlern begleitet werden.

S125 [I6] **Awesome Walls Centre in der St. Albans Church,** Athol Street/ Great Howard Street, L5 9TN, Tel. 2982422, www.awesomewalls.co.uk, Mo.–Fr. 10–22, Sa., So. 10–20 Uhr, Eintritt: ab 7,50 £, Ausrüstung kann geliehen werden, privater Kletterkurs ab 20 £

S121 **Royal Liverpool Golf Club,** Meols Drive, Hoylake, Wirral CH47 4AL, Tel. 6323101, www.royal-liverpool-golf.com. Auch hier sind Gäste gern gesehen. Kosten pro Runde ab 215 £.

Segeln

Liverpools Jachtclub, untergebracht im **Marina und Harbourside Club,** organisiert an vielen Wochenenden kleine oder große Rennen, Kurztrips auch auf die Isle of Man oder nach Schottland.

S122 [J14] **Liverpool Marina,** Coburg Wharf, Sefton Street, L3 4BP, Tel. 7076777, www.liverpoolmarina.com

Skaten

S123 **Rampworx Skatepark,** 1–3 Leckwith Road, L30 6UE, www.rampworx.com, Tel. 5301500, Di.–Fr. 16–22, Sa., So. 12–18 Uhr, Eintritt: 10 £. Abwechslungsreicher Skatepark im Norden Liverpools mit großem Skateshop. Parcours für Anfänger und Fortgeschrittene, Helmpflicht.

Wassersport

Wassersportler kommen nördlich von Liverpool auf ihre Kosten. Segler und Drachenbootfahrer fühlen sich hier ebenso aufgehoben wie Windsurfer und Kanuten. Außerdem gibt es eine Fitnessanlage samt Bar und Bistro.

S124 **Crosby Lakeside Adventure Centre,** Crosby Coastal Park, Cambrigde Road, Waterloo L22 1RR, Tel. 9666868, www.sefton.gov.uk/sport-leisure/leisure-centres/crosby-lakeside-adventure-centre

City-Sightseeing-Busse: die bequemste Art der Stadterkundung

Stadttouren

„Hop On – Hop Off" („Auf- und Abspringen") lautet das Motto bei **Liverpool City Explorer.** Gereist wird in einem oben offenen Doppeldecker-Bus, der in der Nähe der meisten Sehenswürdigkeiten Halt macht. An jeder Station kann man ein- und aussteigen, denn das einmal gelöste Ticket ist für 24 Stunden gültig. Start ist am Albert Dock ❶, Ziel die M&S Bank Arena. Zu den Haltepunkten gehören u.a. der Pier Head ❹, Liverpool Cathedral ⓰, Cavern Quarter ❽ und das Einkaufszentrum Liverpool One ⓯. Die erste Tour startet um 10, die letzte um 16.30 Uhr (im Winter um 15 Uhr).

› www.cityexplorerliverpool.co.uk, Tel. 9332324, Fahrpreis: 12 £, Kinder 7 £

Liverpool City Sights offeriert, ebenfalls ab dem Albert Dock ❶ (Gower Street), zwei Touren: eine fünfzigminütige Rundfahrt zu den wichtigsten Sehenswürdigkeiten mit deutschem Audioguide (Preis: 12 £), die alle halbe Stunde startet, und eine neunzigminütige Tour, die auch zu den Beatles-Stätten Penny Lane und Strawberry Field führt (Preis: 18 £). Diese Touren starten um 10.30, 12.30 und 14.30 Uhr und werden gelegentlich auch von Livemusik begleitet.

› www.liverpoolcitysights.co.uk

Etwas abenteuerlich ist eine Tour durch den 1934 eröffneten **Queensway-Tunnel**, der Liverpool mit Birkenhead verbindet. Die denkmalgeschützte Mersey-Unterquerung, die immer wieder als Kulisse populärer Filme wie „Harry Potter" dient, kann im Rahmen geführter, aber anstrengender Touren mit zahllosen Treppenstufen besichtigt werden. Startpunkt ist das unter Denkmalschutz stehende George's Dock Building am Pier Head ❹, eine Perle des Jugendstils.

› www.merseytravel.gov.uk/tunnels/tunnel-tours, Tel. 3301004, Di., Do. 17, Sa. 10 Uhr, 8,80 £, ab 10 Jahren

078lp Abb.: gs

Auch eine **Schifffahrt** auf dem Mersey ist lohnenswert. Am Pier Head 4 starten die knapp einstündigen **Rundtouren** („River Explorer Cruises"), die werktags zwischen 10 und 16 Uhr, am Wochenende und Feiertags bis 18 Uhr auf dem Mersey operieren. Tickets für die Touren zwischen April und Oktober gibt es auch online. Der Winterfahrplan ist etwas abgespeckt.

› www.merseyferries.co.uk, Tel. 3301003, 11,50 £, Familienticket 32–35 £

Ausgezeichnete Führungen

Mit den Titeln **Green oder Blue Badge Guide** schmücken sich speziell ausgebildete Reiseführer mit sehr hoher Qualifikation. Sie alle haben eine Prüfung abgelegt und gelten als Fachleute auf ihrem Gebiet, wobei die Blue Badge Guides einen höheren Status genießen und unter Umständen auch besser bezahlt sind.

Immer zu empfehlen: eine Fahrt mit einer der Mersey-Fähren

175lp Abb.: © Pete Carr, stock.adobe.com

In Liverpool bieten die Blue Badge Guides Führungen auf den Spuren der Beatles oder des maritimen Erbes der Stadt ebenso an wie geführte Touren zu den Kathedralen und anderen architektonischen Schönheiten der Stadt. Einige haben auch Spezialführungen, zum Beispiel zu Liverpools Rolle im Zweiten Weltkrieg, im Programm.

› www.liverpooltourguide.com

Telefonieren

Mit dem Brexit ist Großbritannien aus der Roaming-Regel der Europäischen Union ausgestiegen. Fast alle deutschen Telefonanbieter aber haben ihre alten Regelungen bislang beibehalten. Da diese aber keine gesetzliche Grundlage mehr haben, sind Preiserhöhungen nicht ausgeschlossen. Deshalb gilt es, vor jeder Liverpool-Reise zu prüfen, welche Tarife der Handy-Provider für Gespräche in Großbritannien anbietet.

Bei längerem Aufenthalt oder vermehrtem Gesprächsbedarf kann man über die Anschaffung einer britischen Prepaid-SIM-Karte nachdenken – vorausgesetzt, man verfügt über ein SIM-Lock-freies Handy.

Übrigens: So englisch das Wort „Handy" auch immer klingen mag, Briten nennen ihr Mobiltelefon *mobile* oder *mobile phone*. Das Adjek-

Vorwahlnummern

› nach Deutschland: 0049
› nach Österreich: 0043
› in die Schweiz: 0041
› nach Großbritannien: 0044
› Liverpool: 0151

tiv *handy* bedeutet übersetzt „praktisch“, „handlich“ beziehungsweise „geschickt“ und wird nicht als Bezeichnung für Telefone verwendet.

Trinkgeld

Engländer geben **Taxifahrern** kaum Trinkgeld, es gehört aber für Touristen zum guten Ton, den Betrag aufzurunden oder 10% Trinkgeld zu geben. In **Restaurants** sollte man darauf achten, ob die *service charge* auf der Rechnung ausgewiesen ist. Wenn nicht, sollte man 10 bis 15% des Endpreises auf dem Tisch liegen lassen. In **Pubs** gibt es häufig eine Trinkgeldbox an der Theke. Auch das Servicepersonal im **Hotel** freut sich, wenn man seine Arbeit mit ein paar Pfund würdigt.

Uhrzeit

In Großbritannien gilt die Greenwich Mean Time im Winter, die British Summer Time im Sommer. Das entspricht unserer mitteleuropäischen Zeit **minus einer Stunde.**

Man muss sich als Urlauber auch daran gewöhnen, dass in England, außer im Flug- und Bahnverkehr, statt der 24-Stunden-Zeiteinteilung eine 12-Stunden-Zählung gilt. Um die Zeit dennoch korrekt fixieren zu können, verwendet man den Zusatz a.m. (ante meridiem) für die Zeit zwischen Mitternacht und Mittag, den Zusatz p.m. (post meridiem) für die Spanne zwischen Mittag und Mitternacht. 15.28 Uhr heißt traditionell englisch also 3.28 pm.

Flug-, Bus- und Bahnfahrpläne sind allerdings meist schon im 24-Stunden-Format angegeben.

Unterkunft

Allgemeines

Noch vor gut einem Jahrzehnt war es um Liverpools Hotelgewerbe nicht gut bestellt. Seitdem hat sich die Zahl der Betten in der Stadt mehr als verdoppelt. Inzwischen gibt es im Großraum Liverpool mehr als 12.000 Betten in über 130 Hotels, Jugendherbergen, Hostels und Bed-and-Breakfast-Quartieren in und außerhalb der Stadt. Trotzdem sind die Zimmer am Wochenende meist ausgelastet, was man deutlich an den Preisen spürt.

Jugendhotels und Backpacker-Quartiere, in denen man oft nach Geschlechtern getrennt untergebracht ist, sind neben Bed and Breakfast die billigste Art, Urlaub zu machen.

Partypeople sind in den Apartments des Unternehmens **I-Stay** (www.istayliverpool.com) gut aufgeoben. Es bietet in Liverpool gleich an sieben Standorten – von der Duke Street bis zur Bold Street – geräumige Wohnbereiche für bis zu 40 Personen an.

Buchungsportale

Neben Buchungsportalen für **Hotels** (z. B. www.booking.com, www.hrs.de oder www.trivago.de) bzw. für **Hostels** (z. B. www.hostelworld.com) gibt es auch Anbieter, bei denen man **Privatunterkünfte** buchen kann. Portale wie www.airbnb.de oder www.wimdu.de vermitteln Wohnungen, Zimmer oder auch nur einen Schlafplatz auf einer Couch. Diese oft recht günstigen Übernachtungsmöglichkeiten sind nicht unumstritten, weil manchmal normale Wohnungen gewerblich missbraucht werden. Einige Städte greifen deshalb regulierend ein.

Preiskategorien

£	bis 80 £ (ca. 92 €)
££	80–130 £ (ca. 92–150 €)
£££	ab 130 £

(Preis für ein Doppelzimmer pro Nacht)

Wer es ruhiger, aber nicht weniger stilvoll als in der Liverpooler Innenstadt mag, ist auf der anderen Seite des Mersey, in Wirral, gut aufgehoben. Dort locken eine Reihe kleiner Hotels, die auf eine lange Tradition zurückblicken können. Und über ein großes Hotelangebot verfügt auch das benachbarte Städtchen Southport, das vor allem im Sommer eine Unterkunftsalternative zu Liverpool sein kann.

MEIN TIPP

Zum Verwöhnen

In der eleganten Hope Street befindet sich eines der besten privat geführten Hotels der Stadt. Seine Gäste sind nicht nur Musiker, Schauspieler und Künstler wie Meryl Streep oder Yoko Ono, sondern auch Fußball-Ikonen wie Jürgen Klopp. 147 Zimmer mit 4-Sterne-Komfort gehören zur Ausstattung des Hauses gegenüber der Philharmonic Hall – dazu das Hotelrestaurant **The London Carriage Works** (s. S. 66), das auch als Frühstücksraum dient.

- 129 [M12] **Hope Street Hotel** ££-£££, 40 Hope Street, L1 9DA, Tel. 7093000, www.hopestreethotel.co.uk

149lp Abb.: gs

Achtung: Da Liverpool zu manchen Zeiten, beispielsweise zum Jahresanfang, unter der Woche inzwischen ein Überangebot an Betten hat, kann es sich lohnen, auf den Websites der Hotels nach preiswerten Angeboten zu suchen. Manchmal liefern auch Online-Hotelsuchmaschinen günstige Übernachtungsangebote. Am preiswertesten bucht man meist direkt bei den Hotels, die so Abschläge an Buchungsportale einsparen können.

Wichtig zu wissen ist auch, dass ein Großteil der Hotels **kein Bargeld** mehr akzeptiert, man also nur bargeldlos bezahlen kann.

Unterkunftsempfehlungen

- 126 [I11] **All Bar One by Innkeeper's Collection** £, Derby Square, L2 7NU, Tel. 2273357, www.allbarone.co.uk. **Wo Partypeople nächtigen:** einfaches Hotel in Fußweite des Cavern Clubs mit großer Bar, die auch Nicht-Hotelgäste gern nutzen.
- 127 [J10] **Aloft Liverpool** £-££, 1 North John Street, L2 5QW, Tel. 2943970, www.aloftliverpool.com. **Übernachten mit Hund:** modernes Haus in einem alten Versicherungsgebäude der Altstadt. Fitnesscenter und gelegentlich Livekonzerte. Eigene Hundebetten.
- 128 [H10] **Crowne Plaza Liverpool** ££-£££, St. Nicholas Place, Prince's Dock, Pier Head, L3 1QW, Tel. 2438000, www.crowneplaza.com/liverpooluk. **Wohnen am Mersey-Ufer:** schön und ruhig gele-

gene Herberge mit eigenem Parkplatz gegenüber dem Royal Liver Building.

130 [J10] **Hard Days Night Hotel** ££-£££, North John Street, L2 6RR, www.harddaysnighthotel.com, Tel. 2361964. **Für Beatles-Fans:** elegantes Boutiquehotel in einem denkmalgeschützten Haus im Cavern Quarter. Fast jedes der 110 Zimmer schmücken Bilder von Mike McCartney, dem Bruder Paul McCartneys.

131 [I10] **Hotel Indigo Liverpool** ££, 10 Chapel Street, L3 9AG, Tel. 5590111, www.hotelindigoliverpool.co.uk. **Stylishe Herberge im alten Bankenviertel:** 151 Zimmer mit Regenduschen. Ideal für Junge und Junggebliebene.

132 [J10] **Ibis Styles Liverpool Centre Dale Street – Cavern Quarter** £, 67 Dale Street, L2 2HJ, Tel. 2431720, https://all.accor.com. **Wohnen im Cavern-Viertel:** kleine Zimmer, aber große Betten. Für alle Besucher, die nicht wohnen, sondern nur mehr oder minder lang schlafen wollen.

133 [I9] **Innside by Meliá Liverpool** ££, 43 Old Hall Street, L3 9PP, Tel. 8320960, www.melia.com. **Haus mit Merseyblick:** Das Hochhaus der spanischen Hotelkette überrascht mit einer großen Bar im 18. Stock, die einen Rundumblick auf Liverpool bietet. Haustiere sind erlaubt.

134 [H10] **Malmaison Liverpool** ££, 7 William Jessop Way, L3 1QZ, Tel. 3633640, www.malmaison.com. **Mitten im alten Hafenareal:** ruhig gelegenes Boutiquehotel mit eigener Brasserie.

135 [L10] **Radisson RED Liverpool** £-££, 7 Lime Street, L1 1RD, Tel. 2123456, www.radissonhotels.com. **Ideal für Bahnreisende:** Herberge mit 201 gut und modern ausgestatteten Zimmern in alten Mauern gleich neben dem Hauptbahnhof (13). Mit Grillrestaurant, Bar und Fitnessräumen.

136 [K11] **Staycity Aparthotels** £, 37–41 Duke Street, L1 5AP, Tel. 4337009, www.staycity.com/liverpool/dukestreet. **Apartmenthotel in zentraler Lage:** Inmitten der Stadt liegen die 56 gut ausgestatteten Apartments, die bis zu drei Schlafzimmer haben.

137 [K11] **The Resident Liverpool** ££, 29 Seel Street, L1 4AU, Tel. 7052626, www.residenthotels.com/liverpool. **Neue Herberge in altem Warenhaus:** Mit spätem Check-out um 12 Uhr ist das Hotel ideal für Langschläfer. Umgekehrt kann man hier aber auch schon um 13 Uhr einchecken. Die Zimmer sind preisgerecht ausgestattet.

138 [H6] **Titanic Hotel** ££-£££, Stanley Dock, Regent Road, L3 0AN, Tel. 5591444, www.titanichotelliverpool.com. **Zum Verwöhnen:** viel gelobtes Hotel in einem ehemaligen Warenhaus. Luxuriöses Spa und großes Restaurant.

Camping

139 **Wirral Country Park Caravan Club Sight**, 22 Station Road, Thurstaston Merseyside CH61 0HN, Tel. 6485228, www.facebook.com/WirralCountryParkCAMC. **Camping auf der Halbinsel:** beliebter Camping- und Caravan-Stellplatz auf der Halbinsel Wirrall am Meer, von Anfang März bis Anfang November geöffnet, Stellplätze ab 21,70 £.

Verkehrsmittel

Mersey Travel ist der Dachverband der in der Region operierenden Nahverkehrs-Betriebe. Dazu gehören die Metro, alle Busse und die Mersey-Fähren.

Tickets und Fahrpläne

Fahrpläne gibt es in den beiden großen Busbahnhöfen Queen Square [K10] und Liverpool One (1 Canning Place [J11]). **Tickets** erhält man in den **Travel Centres** und über die Website www.merseyrail.org.

- **140** [J11] **Travel Centre Liverpool One,** 1 Canning Place, L1 8LB, Mo.–Sa. 10–17 Uhr
- **141** [K10] **Travel Centre Queen Square,** Queen Square, L1 1 RG, Mo.–Sa. 8–18.30 Uhr, So. 10–17 Uhr

Entwertet werden die Karten im Bus an Kartenlesegeräten, die mit grünem Licht freie Fahrt signalisieren. Züge betritt man über Zugangssperren auf den Bahnhöfen, wo ebenfalls die Karten gescannt werden.

Das **Tarifsystem** ist nicht ganz einfach zu verstehen und in Streckenabschnitte gegliedert. So gibt es in der Großregion **verschiedene „Areas" mit unterschiedlichsten Tarifzonen.**

Wenn man hauptsächlich mit dem **Bus** unterwegs ist, kauft man am besten ein sogenanntes **Solo Ticket.** Ein Tagesticket kostet 5 £, für drei Tage zahlt man 14,10 £ und für fünf Tage 21,90 £. Bei den Drei- bzw. Fünftagestickets wird beim Erstkauf eine Gebühr von 1 £ für die Aktivierung der Karte fällig. Die Mehrtageskarten muss man übrigens nicht zwingend an aufeinanderfolgenden Tagen nutzen, sondern sie können auch zeitversetzt innerhalb von 28 Tagen verwendet werden.

Am besten sind Reisende, die auch Züge und Fähren (nur reguläre Verbindungen) nutzen wollen, mit einem **Saveaway-Tagesticket** bedient, das für die Nutzung in und um Liverpool je nach Tarifzone zwischen 4,60 £ und 6 £ kostet. Auch hier kommt bei der Erstnutzung eine Kartengebühr von 1 £ hinzu. Einziger Nachteil ist, dass es aus Rücksicht auf den Berufsverkehr werktags zwischen 6.31 und 9.29 Uhr nicht genutzt werden darf.

Sollte man länger in Liverpool sein und sich z. B. für ein personalisiertes **Monatstickets** entscheiden, benötigt man ein Lichtbild. Infos zu den Tarifen:

› www.merseytravel.gov.uk/tickets-and-pricing/ticket-types

Bitte beachten!

- „**Queuing**", zu Deutsch **Schlangestehen,** ist das Gegenteil von Drängeln und eine der schönsten Sitten auf der Insel. Engländer bilden an Haltestellen und Kassen, vor Kinos, Museen und Konzerthallen, in Geschäften oder beim Besuch von Restaurants, kurz überall, wo größerer Andrang herrscht, gewöhnlich eine Schlange. Statistiker haben ausgerechnet, dass so jeder Einheimische jährlich umgerechnet einen Tag Schlange steht. Zwar wollen Soziologen festgestellt haben, dass die Bereitschaft, geduldig anzustehen, gerade unter jungen Leuten abnimmt, diesem Trend sollte man aber nicht folgen.
- **Busreisende** in Liverpool sollten wissen, dass die **Haltestellen weder angezeigt noch ausgerufen** werden. Man sollte also vorher den Fahrer oder Mitreisende fragen, wann man aussteigen muss. An kleineren Haltestellen sollte man dem herannahenden Busfahrer mit Handzeichen zeigen, dass man mitfahren will. Zudem ist zu respektieren, dass ein paar Plätze im Vorderteil jedes Busses für Behinderte und Ältere reserviert sind.
- **Schwarzfahrern** drohen saftige Geldbußen. Teuer wird es auch, wenn man mit den Füßen auf den Sitzen erwischt wird, unter Umständen droht sogar ein Prozess.

054lp Abb.: gs

Bahn – Metro

Die **Northern Line** verbindet die Stadt mit Kirkby, Southport, Ormskirk und Hunts Cross, die **Wirral Line** mit Ellesmere Port, New Brighton und Chester. Die **City Line** verkehrt unter anderem nach St. Helens, Preston, Blackpool und zum Flughafen Manchester.

Es gibt vier Bahnhöfe in der Innenstadt: Liverpool Central, Moorfields, James Street und Lime Street. Lime Street (13) ist zudem der Hauptbahnhof, von dem aus Liverpool unter anderem direkt an Manchester und London angebunden ist.

Bus

Liverpool verfügt über ein **sehr dichtes Busnetz**, dessen Fahrzeuge inzwischen zu einem Teil mit WLAN ausgestattet sind. Die Zielorte und Nummern der Verbindungen sind auf der Frontseite der Busse angezeigt, die gewöhnlich, wie auch die Metro, zwischen 6 und 23 Uhr verkehren. Freitags und samstags gibt es auch zahlreiche Nachtbus-Verbindungen.

Im Allgemeinen erwarten die Fahrer, dass man das Fahrgeld abgezählt bereithält. Zum Aussteigen drückt man den Halteknopf.

Schiff

Auf dem Mersey verkehren noch immer regelmäßig Fähren (4). Neben den knapp einstündigen Rundtouren (s. S. 122) können Touristen an Werktagen morgens und abends auch die **reguläre Fährverbindung zwischen Liverpool und Wirral** nutzen, bei der der Mersey in 10 Minuten überquert wird.

› Fährverbindung Pier Head, Gerry Marsden Terminal – Seacomb, Wirral, www.merseyferries.co.uk/commuters, Mo.–Fr. 7.20–9.40 und 17–18.40 Uhr alle 20 Min., Ticket Hin- und Rückfahrt Erw. 3,80 £, Kinder bis 15 J. 1,90 £

Schwarze Taxis kann man auch per Hand heranwinken (s. S. 128)

Taxi

Taxifahren in Liverpool ist **nicht zu teuer.** Jedes Fahrzeug hat einen Taxameter, der ständig den aktuellen Fahrpreis anzeigt. Im Stadtbereich betragen die Taxikosten umgerechnet je nach Streckenlänge zwischen 20 und 35 €. Feiertags und nachts (23–6 Uhr) kommen Zuschläge hinzu.

Es gibt es zwei Taxi-Arten: Zum einen die sogenannten „Hackney Cabs" oder **schwarzen Taxis,** die vor allem im Stadtzentrum unterwegs sind. Sie haben feste Standplätze und können per Handzeichen überall in der Stadt angehalten werden. Ihnen gegenüber stehen die **privaten Taxis,** die nicht angehalten werden dürfen und per Telefon bestellt werden müssen. Freitag- und samstagnachts nach 23 Uhr sind Taxis knapp, sodass es ratsam ist, vorzubestellen. Die beiden größten Taxi-Anbieter sind:

› **ComCab,** Tel. 2982222, www.comcab-liverpool.co.uk. Über die App **ComCab Liverpool** (gratis für Android und iOS) lassen sich Taxis auch vorbestellen.
› **All Black Cabs,** Tel. 4309555

Auch der Taxidienst **Uber** operiert in Liverpool, der zu Spitzenzeiten allerdings keine großen Preisvorteile bietet.

› www.uber.com/global/de/cities/liverpool

Wetter und Reisezeit

Liverpool ist zu jeder Jahreszeit eine Reise wert. Auf alle Fälle aber gehört **Regenkleidung** ins Reisegepäck, denn die Klimadaten weisen für die Stadt statistisch gesehen das ganze Jahr über Niederschläge aus: In dieser Hinsicht erfüllt Liverpool das Klischee einer nordenglischen Stadt. Die meisten feuchten Tage zählt man im Dezember und Januar, die wenigsten zwischen Februar und Juni. Schnee und Frost sind am Mersey selten. Die durchschnittlichen Nachttemperaturen sind nur im Sommer zweistellig.

Mit durchschnittlich 20 °C ist es im Juli und August am wärmsten, mit 7–9 °C auch in den regenreichen Wintermonaten tagsüber relativ mild. Das Baden in der Irischen See ist nur etwas für Hartgesottene, erreichen die Wassertemperaturen doch kaum mehr als 15 °C.

Wegen des kulturellen Angebots und der großen Einkaufsmöglichkeiten ist Liverpool inzwischen ein Ganzjahresziel, auch wenn die meisten Touristen noch immer zwischen Ostern und dem Spätherbst kommen. Eng wird es an vielen Wochenenden und Feiertagen wie den Bank Holidays.

Beeindruckende Architektur in der Central Library 11

Durchschnitt	Wetter in Liverpool											
Maximale Temperatur	7°	7°	9°	12°	16°	18°	20°	19°	17°	14°	10°	8°
Minimale Temperatur	2°	2°	4°	5°	8°	11°	13°	13°	11°	8°	5°	3°
Regentage	14	11	13	10	11	11	10	11	12	15	15	14
	Jan	Febr	März	Apr	Mai	Juni	Juli	Aug	Sept	Okt	Nov	Dez

ANHANG

Kleine Sprachhilfe

Die folgenden Wörter und Redewendungen wurden dem Reisesprachführer „Englisch – Wort für Wort" (Kauderwelsch-Band 64) aus dem REISE KNOW-HOW Verlag entnommen.

Häufig gebrauchte Wörter und Redewendungen

Zahlen

1	(wann)	*one*
2	(tuh)	*two*
3	(ðrih)	*three*
4	(fohr)	*four*
5	(feiw)	*five*
6	(ßikß)	*six*
7	(ßäwèn)	*seven*
8	(äit)	*eight*
9	(nein)	*nine*
10	(tänn)	*ten*
11	(ihläwèn)	*eleven*
12	(twälw)	*twelve*
13	(ðörtihn)	*thirteen*
14	(fohrtihn)	*fourteen*
15	(fifftihn)	*fifteen*
16	(ßikßtihn)	*sixteen*
17	(ßäwèntihn)	*seventeen*
18	(äitihn)	*eighteen*
19	(neintihn)	*nineteen*
20	(twänntih)	*twenty*
30	(ðörtih)	*thirty*
40	(fohrtih)	*forty*
50	(fifftih)	*fifty*
60	(ßikßtih)	*sixty*
70	(ßäwèntih)	*seventy*
80	(äitih)	*eighty*
90	(neintih)	*ninety*
100	(hanndrid)	*hundred*

Die wichtigsten Zeitangaben

yesterday	(jäßtèrdäi)	gestern
today	(tuhdäi)	heute
tomorrow	(tuhmohrrou)	morgen
last week	(lahßt wihk)	letzte Woche
in the morning	(in ðè mohrning)	morgens
in the afternoon	(in ðih_ ahftèrnuhn)	nachmittags
in the evening	(in ðih_ ihwèning)	abends
Sunday	(ßanndäi)	Sonntag
Monday	(manndäi)	Montag
Tuesday	(tjuhsdäi)	Dienstag
Wednesday	(wännsdäi)	Mittwoch
Thursday	(ðörsdäi)	Donnerstag
Friday	(freidäi)	Freitag
Saturday	(ßättèrdäi)	Samstag

Die wichtigsten Fragewörter

who?	(huh)	wer?
what?	(wott)	was?
where?	(wäèr)	wo?/wohin?
why?	(wei)	warum?
how?	(hau)	wie?
how much?	(hau matsch)	wie viel? (Menge)
how many?	(hau männih)	wie viele? (Anzahl)
when?	(wänn)	wann?
how long?	(hau long)	wie lange?

Die wichtigsten Richtungsangaben

on the right	(on ðè reit)	rechts
on the left	(on ðè läfft)	links
to the right	(tuh ðè reit)	nach rechts
to the left	(tuh ðè läfft)	nach links
turn right/left	(törn reit/läfft	rechts/links abbiegen
straight on	(ßträjt on)	geradeaus
in front of	(in front_off)	gegenüber
outside	(autseid)	außerhalb
inside	(inseid)	innerhalb
here	(hi-èr)	hier
there	(ðäèr)	dort
up there	(ap ðäèr)	da oben
down there	(daun ðäèr)	da unten
nearby	(nihrbei)	nah, in der Nähe
far away	(fahr èwäi)	weit weg
around the corner	(raund ðè kohrnèr)	um die Ecke

+++ Die wichtigsten Wörter mit dem Bonus-Audiotrack des Kauderwelsch-

Die wichtigsten Floskeln und Redewendungen

yes	(jäß)	ja
no	(nou)	nein
thank you	(ðänk_juh)	danke
please	(plihs)	bitte
Good morning!	(gudd mohrning)	Guten Morgen!
Good evening!	(gudd ihwèning)	Guten Abend!
Hello! / Hi!	(hällou/hei)	Hallo!
How are you?	(hau ah juh)	Wie geht es Ihnen/dir?
Fine, thank you.	(fein ðänk_juh)	Danke gut.
Good bye!	(gudd bei)	Auf Wiedersehen!
Have a good day!	(häw_è gudd däi)	Einen schönen Tag!
I don't know.	(ei dount nou)	Ich weiß nicht.
Cheers	(tschiers)	Prost!
The bill, please!	(ðè bill plihs)	Die Rechnung, bitte!
Congratulations!	(kongrätuläischènß)	Glückwunsch!
Excuse me!	(ikßkjuhs mih)	Entschuldigung!
I'm sorry.	(eim ßorrih)	Tut mir leid!
It doesn't matter.	(itt dahsnt mättèr)	Das macht nichts.
What a pity!	(wott_è pittih)	Wie schade!

Die wichtigsten Fragen

Is there a/an ... ?	(is ðäèr è/ènn ...)	Gibt es ...?
Do you have ... ?	(duh juh häw ...)	Haben Sie ...?
Where is/are ... ?	(wäèr is/ah ...)	Wo ist/sind ... ?
Where can I ... ?	(wäèr kähn_ei)	Wo kann ich ... ?
How much is it?	(hau matsch is_itt)	Wie viel kostet das?
What time?	(wott teim)	Um wie viel Uhr?
Can you help me?	(kähn juh hällp mih)	Können Sie mir helfen?
Is there a bus to ... ?	(is ðäèr è_baß tuh ...)	Gibt es einen Bus nach ...?
How are you?	(hau ah juh)	Wie geht es dir/Ihnen?
What's your name?	(wotts juhr näim)	Wie heißt du/heißen Sie?
How old are you?	(hau ould ah juh)	Wie alt bist du/sind Sie?
Where do you come from?	(wär duh juh kamm fromm)	Woher kommen Sie?
Excuse me?	(ikßkjuhs mih)	Wie bitte?

Nichts verstanden? – Weiterlernen!

I don't speak English.	(ei dount spihk in-glisch)	Ich spreche kein Englisch.
Pardon?	(pahdèn?)	Wie bitte?
I don't understand.	(ei dount andèrständ)	Ich habe nicht verstanden.
Do you speak German?	(duh juh spihk dschörmèn?)	Sprechen Sie Deutsch?
How do you say that in English?	(hau duh juh säi ðät in in-glisch?)	Wie heißt das auf Englisch?
What does it mean?	(wott dahs_itt mihn?)	Was bedeutet das?

REISE KNOW-HOW
@ReiseKnowHow
@reiseknowhowverlag
@Reise_KnowHow
auf www.reise-know-how.de
für den Newsletter anmelden
Zugspitze, Foto: Aneta Niemitz
Wohnmobil-Tourguide | Kauderwelsch | Landkarten | Soul Places

Register

Impressum

Günter Schenk

CityTrip Liverpool

7., neu bearbeitete und aktualisierte Auflage 2024

ISBN 978-3-8317-3817-5

Printed in Germany

Druck und Bindung:
mediaprint solutions GmbH, Paderborn

Herausgeber: Klaus Werner
Layout: amundo media GmbH (Umschlag, Inhalt), Peter Rump (Umschlag)
Lektorat: amundo media GmbH
Karten: Ingenieurbüro K. Wendler, amundo media GmbH
Anzeigenvertrieb: KV Kommunalverlag GmbH & Co. KG, Alte Landstraße 23, 85521 Ottobrunn, Tel. 089 928096-0, info@kommunal-verlag.de
Kontakt: Osnabrücker Str. 79, 33649 Bielefeld, info@reise-know-how.de

Alle Angaben in diesem Buch sind gewissenhaft geprüft. Preise, Öffnungszeiten usw. können sich jedoch schnell ändern. Für eventuelle Fehler übernehmen Verlag wie Autor keine Haftung.

Bildnachweis

Umschlagvorderseite: © coward_lion, stock.adobe.com | Umschlagrückseite und Umschlagklappe rechts: Günter Schenk

Soweit ihre Namen nicht vollständig am Bild vermerkt sind, stehen die Kürzel an den Abbildungen für die folgenden Fotografen, Firmen und Einrichtungen. Günter Schenk: gs | Klaus Werner: kw

Liste der Karteneinträge

Hier nicht aufgeführte Nummern liegen außerhalb der abgebildeten Karten. Ihre Lage kann aber wie die von allen Ortsmarken im Buch mithilfe der Web-App angezeigt werden (s. S. 144).

Zeichenerklärung

- Arzt, Apotheke, Krankenhaus
- Bar
- Bibliothek
- Café, Eiscafé
- Denkmal
- Friedhof
- Galerie
- Geschäft, Kaufhaus, Markt
- Hotel, Unterkunft
- Imbiss, Bistro
- Informationsstelle
- Kino
- Kirche
- Museum
- Musikszene, Club, Disco
- Parkplatz
- Polizei
- Pub, Biergarten
- Restaurant
- Sehenswürdigkeit
- Sonstiges
- Sportstätte
- Synagoge
- Theater
- Vegetarisches Restaurant

- Railway-Station

- Shoppingareal
- Gastro- und Nightlife-Areal
- Stadtspaziergang (s. S. 14)

- ★★★ nicht verpassen
- ★★ besonders sehenswert
- ★ wichtig für speziell interessierte Besucher

Liverpool mit PC, Smartphone & Co.

QR-Code auf dem Umschlag scannen oder **www.reise-know-how.de/citytrip/liverpool24** eingeben und die **kostenlose Web-App** aufrufen (Internetverbindung zur Nutzung nötig)!

★ **Anzeige der Lage und Satellitenansicht aller** beschriebenen Sehenswürdigkeiten und touristisch wichtigen Orte
★ **Routenführung** vom aktuellen Standort zum gewünschten Ziel
★ **Exakter Verlauf** des empfohlenen Stadtspaziergangs
★ **Audiotrainer** der wichtigsten Wörter und Redewendungen
★ **Updates** nach Redaktionsschluss

GPS-Daten zum Download

Die GPS-Daten aller Ortsmarken und des Spaziergangs stehen auf der Produktseite des Titels auf www.reise-know-how.de zum Download zur Verfügung.

Stadtplan für mobile Geräte

Um den Stadtplan auf Smartphones und Tablets nutzen zu können, empfehlen wir die App „Avenza Maps" der Firma Avenza™. Über die Funktion „Store" kann die „Citymap Liverpool 2024" kostenlos geladen werden.

Unsere App-Empfehlungen zu Liverpool

- **Merseyrail:** offizielle App des Verkehrsverbunds für alle, die mit Bahn und Bus in der Region unterwegs sind (kostenlos für Android und iOS)
- **The Beatles Radio:** App für alle Beatles-Fans, die Beatles-Programme von Radiosendern sammeln (kostenlos für Android und iOS)
- **Liverpool Echo:** App der einzigen Liverpooler Tageszeitung mit Veranstaltungstipps und Lokalnachrichten (kostenlos für Android und iOS)
